The Never Ending Tour
Günter Amendt über Bob Dylan

The Never Ending Tour

Günther Amendt über Bob Dylan

Konkret Literatur Verlag

© 1991 Konkret Literatur Verlag, Hamburg
Umschlaggestaltung: Alfred von Meysenbug und Lisa Schubert
Fotos: Heinz Wurzer, Wolfgang Friedrich,
        Alfred von Meysenbug, Andreas Loebell, Uwe Heidorn
Satz: KCS GmbH, 2110 Buchholz/Hamburg
Druck: Nørhaven Rotation, Viborg
ISBN 3-89458-104-2
Printed in Danmark

Inhalt

... the Answer Is Blowing in the Desert Storm 7

¡Senor! Hören Sie 23

Kawasaki! 26

Lord Extra 29

There Is No Hope with That Pope 34

Grüße aus Bad Segeberg
Bobby Will Be Back: in the Rain 39

Bob's Hope Show 42

Nur eine Frage der Zeit 48

Woodstock, Dylan und der Bieberer Berg 55

Ein Mann unter Einfluß
Dylan Goes Modern 63

Gültig oder endgültig? 69

Appetithappen 77

Oh, Merci, Bob Dylan 81

Bob Dylan und die Frauen
Ein Kongreßbericht von William Zanzinger, Jr. 87

Diskographie 91

...the Answer Is Blowing
in the Desert Storm

Ich habe Dylan zuletzt Ende Februar in New York City gesehen. Auf SAT 1. Er nahm da in der Radio City Music Hall an einer ziemlich makabren Preisverleihung teil. Über diese dreiunddreißigste Grammy Awards Show — staged with the nation at war — war plötzlich und unerwartet ein Todesschatten gefallen.

Die Akademie zeichnete posthum nicht nur zwei erst kürzlich verstorbene Künstler aus, mit denen auch Dylan gearbeitet hatte — Roy Orbison als beste männliche Stimme für »Pretty Woman«, and the late Stevie Ray Vaughan (gemeinsam mit seinem Bruder Jimmie) für die beste Blueseinspielung —, auch Rev. James Cleveland, dem der Preis für das beste Gospelalbum zugesprochen wurde, weilte zum Zeitpunkt der Preisverleihung nicht mehr unter den Lebenden. Und John Lennon ließ sich bei der Entgegennahme des Lifetime Achievement Award durch seine Witwe Yoko Ono vertreten.

Dylan, der wie Lennon an diesem denkwürdigen Abend dafür ausgezeichnet wurde, ein Leben lang getan zu haben, was er tun mußte, erschien persönlich, um sich die Laudatio von Jack Nicholson anzuhören, die in 60 Länder — including Saudi Arabia — ausgestrahlt wurde.

Daß diese von der Akademie so gewollte, doch bereits im Ansatz peinliche Doppelpreisverleihung an eine tote und an eine lebende Legende der Rockmusik nicht in einem Showdebakel endete, hatte die Akademie ausgerechnet dem showdown in der Golfregion zu verdanken und der Herrschaft des Zensors in dessen Gefolge. Urplötzlich stand das Werk der beiden und nicht die Legende wieder im Mittelpunkt der öffentlichen Aufmerksamkeit. Lennons »Imagine« und Dylans

»Masters of War« führten die Hitlisten unerwünschter Lieder an, die während des Krieges in den USA wie in Europa an vielen Radio- und Fernsehstationen ausgegeben wurden.

Davon – und das verdient festgehalten zu werden – zeigte sich die Academy of Recording Arts unbeeindruckt. Sich selbst am Piano begleitend, brachte Tracy Chapman eine intensiv bewegende Version von Lennons »Imagine«, und daß Dylans »Masters of War« in dem von SAT 1 ausgestrahlten Zusammenschnitt nicht zu sehen und nicht zu hören war, dürfte mit Zensurmaßnahmen nichts, mit künstlerischen Entscheidungskriterien dagegen viel zu tun gehabt haben. Die Nummer war musikalisch völlig desolat und textlich total unverständlich, so unverständlich, daß die »New York Times« einen new song gehört zu haben glaubte.

Dylans Auftritt schockiert. Die allseits erschrockenen Reaktionen erinnern stark an den Aufschrei des Entsetzens über Dylans schrägen Auftritt zum Abschluß des Live-Aid-Konzertes vor ein paar Jahren.

Bereits Dylans Anblick löst heftige Reaktionen aus. Immer mehr gleicht er den Helden seiner frühen Lieder: Man on the street, standing on the highway, walking down the line, a lonesome hobo. Meine Tante Lisabeth, mit amerikanischen Road-Mythen weniger vertraut, würde ihn schlichtweg einen Penner nennen. Dylans körperlicher Zustand ist schlecht: feeling fat and feeling blue.

Es wird auch viel über vermasselte Konzerte in Brüssel und auf der britischen Insel rumort. In diesem Zusammenhang tauchen auch Vermutungen über Dylans Alkoholkonsum auf. Ich weiß nicht, was sich hinter dieser Art von Konzertanalyse verbirgt und warum ich diese Form von Kunstbetrachtung so ärgerlich finde. Wahrscheinlich, weil dieser vordergründige Versuch, Dylans eigentümliche Motorik zu interpretieren, einfach nur spießig ist.

Sollte Dylan beispielsweise während der Grammy-Preisverleihung, wie viele, die ihn da gesehen haben, vermuten, zu gewesen sein, dann habe ich davon nichts bemerkt. Seine kleine Performance bei der Entgegennahme des Preises war gut inszeniert und das vermeintliche Gestottere bei der Danksagung gut getimed.

Während Jack Nicholson sich noch abmühte, seine Laudatio zu einem Ende zu bringen, stakste Dylan auf die Bühne. Er blinzelte in die Scheinwerfer und grimassierte erstaunt in die Fernsehkamera, als habe er noch nie im Rampenlicht einer Bühne gestanden. Standbein Spielbein, Spielbein Standbein. Hut auf, Hut ab. Er reibt die Nase, bleckt die Zähne, kontrolliert den Hosenlatz, ringt die Hände und grinst an Nicholson vorbei, der noch immer an seinem Text klebt. Dann, nachdem ihm endlich die Trophäe überreicht worden ist, setzt Dylan zur Dankesrede an.

»Thank you.« »Well.« »Äh.« »All right.« »Yeah.« Alles auf den Punkt.

»Well, my daddy, he didn't leave me too much, you know, he's a very simple man«, beginnt Dylan wankend und schwankend seine kleine Ansprache. Doch jedes Wort, jeder Satz kommt genau auf Mikrophonhöhe, nichts geht in der großen Halle und am Bildschirm verloren.

»He did say, son he said...«, und es kommt zu jener Pause, in der viele glaubten, Dylan habe den Faden verloren. Verlegen, unbeholfen, scheinbar um Worte ringend, dreht und wendet er die hölzerne Trophäe. Das Publikum folgt ihm gebannt.

Und dann, *einen* beat später und ein großes Geraune hätte eingesetzt, genau auf den Punkt auch diesmal, fährt Dylan fort: »...he said so many things, you know.«

Gelächter. Die Pointe saß.

Was Dylan dann noch sagte, konnte ich nicht entschlüsseln, es wurde zugedeckt von der Stimme des deutschen Übersetzers. Ein Spruch, eine väterliche Weisheit muß es gewesen sein und intelligenter als das, was der Übersetzer rüberbrachte.

Dieses spotlight auf Dylans aktuellen Zustand war hell und grell genug, um zu erkennen, daß Dylan mehr neben sich und weiter entfernt von seinen Schuhen steht als jemals zuvor.

Dylan hat sich onwards in his journey auf einen Beschleunigungskurs begeben, der nur in einem crash enden kann. Spätestens seit dem letzten Londoner Konzert im Frühjahr vergangenen Jahres steuert er seine never ending tour künstlerisch in eine Sackgasse.

Dylan war direkt aus Brasilien gekommen, wo er in Rio und in São Paulo zwei Gigantogigs absolviert hatte, er spielte vier Konzerte im Pariser »Grand Rex« und schloß den Kurztrip im Londoner »Hammersmith Odeon« mit sechs Konzerten ab. Dieser Zehnerpack faßte noch einmal auf einem geschlossen hohen Niveau zusammen, wozu er und seine Band unter Anleitung von G. E. Smith fähig waren.

In Paris war ich dabei. Hier bestätigte sich auch, was ich eigentlich längst wußte: »Oh Mercy« *ist* ein Meisterwerk. »Noch haben Dylans neue Lieder ihre Bühnenprobe nicht bestanden«, hatte ich in »Konkret« geschrieben, »Pflicht und Kür, Studio und Bühne, so lautet das volle Programm.« Alle »Oh Mercy«-Songs haben die Bühnenprüfung glanzvoll bestanden, und, einige haben auf der Bühne erst ihre Wirkung voll entfaltet.

Meine Erinnerung an manches Dylan-Konzert ist überlagert von der Erinnerung an umständliche Anfahrtswege, kalte Tiefgaragen, nasse Stadien, unwirtliche Hallen, ekelerregende hygienische Zustände, katastrophale akustische Verhältnisse, penetrante Polizeipräsenz und ein nerviges Publikum.

Mit dem »Grand Rex« dagegen, mitten in Paris an einem auch nachts belebten Boulevard gelegen, verbinde ich nicht nur die Erinnerung an vier große Konzerte, sondern auch an ein Konzert-Ambiente, wie ich es bis dahin noch nie vorgefunden hatte.

Das »Grand Rex« ist ein Kino. Nein, es ist ein Lichtspieltheater. So um die 3000 Zuschauer verteilen sich im Parkett und auf einem tiefgestreckten Balkon. Alles, was mehr ist, wäre ein Betrug am Publikum.

Links und rechts der Bühne hat, und das muß schon ein paar Jahrzehnte her sein, ein ausgeflippter Innenarchitekt eine spanisch-orientalische Märchenkulisse hochgezogen; indirekt angestrahlter Gaudi-Kitsch. Und über dem Publikum spannt sich eine nachtschwarze, sternenfunkelnde Himmelskuppel. Die Akustik ist gut, die Konzerte sind ausverkauft, Dylan wirkt fit, ausgeruht und inspiriert.

Hoch dekoriert kehrte er nach vier erfolgreichen Konzerten Paris den Rücken, um in London fortzusetzen und noch zu steigern, was er in Paris begonnen hatte. »Le Monde« hatte ihn »Dylan le Magnifique« genannt, die französische Ausgabe des »Rolling Stone« zum »Picasso du Rock 'n' Roll« gekürt, und Frankreichs Kultusminister hatte ihn zum »Commandeur des Arts et des Lettres« befördert. Alle waren zufrieden.

Jack Lang
Ministre de la Culture, de la Communication,
des Grands Travaux et du Bicentenaire

vous prie de bien vouloir assister à la cérémonie au cours de laquelle
il remettra les insignes de Commandeur de l'Ordre des Arts et des Lettres à

Bob Dylan

le mardi 30 janvier 1990, à 18 heures
dans les salons du Ministère, 3, rue de Valois, 75001 Paris

R. S. V. P. 40 15 82 53

Alle, außer jenen Fans, die sehnsüchtig auf den Augenblick gewartet hatten, an dem Dylan den großen schwarzen Flügel, der Abend für Abend eingeleuchtet auf der Bühne stand, endlich anschlagen würde. Doch Dylan weigerte sich, die Tasten auch nur anzurühren, und so überquerte das magische Instrument den Kanal unbespielt. Es war längst zum running gag dieses Zwei-Städte-Trips geworden. Auch bei London eins, London zwei, London drei, London vier und London fünf blieb der Flügel stumm.

Schließlich der sechste und letzte Abend: »The Man ist walking towards that big black thing that's been cluttering up the stage every night. My God it's a piano«, schreibt einer, der live dabei war. »Yes, we are going to get Dylan's first United Kingdom piano performance in 24 years.« Und dann hört das Publikum eine aufs Piano gehämmerte haarsträubende Version von »Desease of Conceit«.

Dylan hatte das naßkalte London noch nicht verlassen, als bereits Ankündigungen über eine europäische Sommertour die Runde machten. Und tatsächlich, die never ending tour führte ihn schon Ende Juni nach Europa zurück. Reykjavik — forget it. Roskilde — forget it. Oslo — forget it. Turrko — forget it. Viel mehr ist auch von den kanadischen Konzerten unmittelbar vor dem Sommertrip nach Europa nicht zu sagen: forget it.

Erst das Konzert im Hamburger Stadtpark am 3. Juli 1990 ließ wieder Momente von Inspiration spüren. Der Verlauf dieses Konzertes, seine innere Dramaturgie, war einigermaßen typisch für das, was europäische und US-amerikanische Konzertgänger in den folgenden Monaten noch häufiger zu hören bekommen sollten.

Dylan begann in Hamburg tief unten in der Absturzzone und arbeitete sich dann doch noch hoch hinaus. Diese Spannbreite zwischen Fliegen und Absturz gab dem Hamburger Konzert einen hochdramatischen Akzent.

Ich selbst, und ich weiß, es geht auch anderen so, empfinde Dylans Konzerte auch körperlich als immer anstrengender. Altersbedingte Verschleißerscheinungen? Maybe. Mangelndes Durchhaltevermögen? Mag sein. Doch ich meine etwas anderes: Dylan tut sich schwer, er quält sich, er schafft sich ab. Und das schafft mich. Ich spreche von Übertragung und Gegenübertragung.

Interessanterweise ist das vor drei, vier Jahren noch übliche Gejammere über den kurzen set verstummt. Mehr als durchschnittlich siebzehn Songs oder eineinhalb Stunden pro Konzert und Abend sind nicht drin. Auch das jugendliche Publikum scheint zu spüren und zu akzeptieren, daß Intensität ihren Preis hat.

In Hamburg brachte Dylan zwei »neue« Songs: »No More One More Time« und »An Old Rock 'n' Roller«, Übernahmen von schreibenden Kollegen.

Die Geschichte vom alten Rock 'n' Roller, der in den sixties eine Platte gemacht hatte, big enough to go Top Ten, den es dann aber wieder in backstreet bars verschlug, wo es ihn manchmal late on Saturday night wieder ans Mikrophon treibt, obwohl seine Stimme eher flach klingt und he never learned to play the guitar, diese rührende kleine Geschichte bringt Dylan wie eine autobiographische Anmerkung.

In Sammlerkreisen wird das anschließende Konzert im Berliner Kongreßzentrum relativ hoch bewertet. Mir ist nur die akustische Version von »Song to Woody« in Erinnerung, ich hatte das Lied in einem Konzert noch nie gehört.

Gewöhnlich reagieren die Presse und auch große Teile des Publikums mit Dankbarkeit, wenn Dylan von der Bühne herab ein paar Worte fallen läßt. Das gilt dann als Zeichen von Gutdraufsein. In Hamburg und in Berlin zeigte er sich besonders gesprächig.

Wir erinnern uns: Nur einmal, das war in »Renaldo und Clara«, hat Dylan öffentlich ein deutsches Wort in den Mund genommen: »Wolkswagenbus.« Jetzt hat er sein Vokabular um ein »Dankescheen« erweitert. Und da er schon mal am Reden war, kam er auch auf die deutsche Wiedervereinigung zu sprechen. Mir ist allerdings die Pointe seines Gebrabbels zwischen reunited und disunited entgangen. Ich habe auch nicht verstanden, worauf er mit der Bemerkung hinaus wollte, Hitler sei gar kein Deutscher gewesen. Forget ist, wäre wohl auch in dem Fall ein guter Ratschlag.

Was Dylan dann noch in Belgien trieb, bevor er zum Abschluß dieser Etappe seiner never ending tour nach Montreux kam, entzieht sich meiner Kenntis.

Es ist frustrierend, es anderen nachzubeten — Jean Martin Büttner etwa, der über das Konzert am Genfer See im »Tagesanzeiger« schrieb: Es war kein Konzert, sondern ein Ausnahmezustand. So war es.

Dylans Auftritt in Montreux ist in der Schweiz längst zu einem Mythos geworden. Wer allerdings das Konzert nur auf tape zu hören bekommt, wird Mühe haben, diese Begeisterung nachzuvollziehen. Auch mir fällt es schwer, im Mitschnitt das Erlebte wiederzuerkennen. (Diese Erfahrung sollte sich ein halbes Jahr später nach dem Konzert im Zürcher Hallenstadion noch einmal und noch viel extremer wiederholen.) Was also war das Einmalige an Montreux, was das Besondere, das über die Banalität von live is live hinausginge? Nun, da waren zunächst ein paar außerordentlich schöne Songversionen. »I Believe in You« zum Beispiel, »Gotta Serve Somebody« zum Beispiel oder Ry Cooders »Across the Borderline« in Akkordeonbegleitung von Flaco Jimenez.

Letzten Endes aber lag der Erfolg dieses Konzertes in einer selten günstigen Konstellation. Was oft als Schwäche des Montreux Festivals kritisiert wird, wurde hier zur Produktivkraft, denn für einmal war es den Veranstaltern gelungen, drei Gigs so zu kombinieren, daß *ein* Publikum auf seine Kosten kam.

Die Mehrzahl der Karteninhaber hatte Ry Cooder, David Lindley und Flaco Jimenez auf dem ticket. Dylan war erst in letzter Minute dazugebucht worden. Doch dieses Publikum, erweitert um ein paar hundert Dylanfreaks, derentwegen die Saalbestuhlung entfernt worden war, wollte auch Bob Dylan hören. Der Rest war Dynamik, Intensität, Kommunikation und Intimität. Ein Psychodrama, was sonst.

Danach entschwand Dylan wieder in die Staaten.

Anfang September kam »Under the Red Sky« heraus. Um es kurz zumachen: »Under the Red Sky« verhält sich zu »Oh Mercy« wie »Desire« zu »Blood on the Tracks«. Ein gutes Album, große Songs: »Born in Time« oder »It's an-bi-li-wi-bal«. Trotzdem, es fehlt die Geschlossenheit, es fehlt die Aura. Und der neoklassische Dylan-Sound«, von dem Martin Schäfer schreibt, ist — eben! — ein neoklassischer Dylan-Sound.

Über den weiteren Verlauf der never ending tour war im Spätsommer 1990 kaum noch etwas zu hören. Auch der transatlantische tape-exchange war ins Stocken geraten. Im Oktober gab's dann eine Aufregung. Dylan trat in Westpoint auf, am Tag als Dwight D. Eisenhowers hundertster Geburtstag gefeiert wurde. »Der Spiegel« war dabei. Er ist immer dabei, wenn es darum geht, Dylan am Zeug zu flicken. Absurderweise versucht das Magazin, sich bei der Gelegenheit als Sprachrohr einer längst untergegangenen Gegenkultur zu profilieren.

Dylan in der Hochburg des US-Militarismus, Dylan in der United States Military Academy, Dylan im Eisenhower Hall Theater, das ist natürlich ein Hammer. Doch wäre hier zu fragen, warum Dylans Auftritt in der Stuttgarter Hanns-Martin-Schleyer-Halle vom »Spiegel« unkommentiert über die Bühne gehen konnte und warum niemand auf die Idee kam, Dylan vorzuwerfen, er sei beim Bundesverband der Deutschen Industrie aufgetreten.

Manches Stadion, manche Halle, manches Theater wäre unbespielbar, würden Konzertveranstalter ihre Buchungen von den Namensgebern des jeweiligen Spielortes abhängig machen. Diese symbolische Besetzung öffentlicher Orte mittels Namensgebung funktioniert hervorragend als eine Art Kultursponsering, mit dessen Hilfe die jeweils Herrschenden ihre Leitfiguren öffentlich ausstellen.

Was ich über dieses Konzert in Westpoint, seinen Verlauf und seine Hintergründe weiß, habe ich aus der US-amerikanischen Musikpresse und von einem Augenzeugen. These are the facts: Dylan trat tatsächlich am 13. Oktober 1890 im Eisenhower Hall Theater, Westpoint, New York auf, und der 13. Oktober 1890 war tatsächlich der Geburtstag des Präsidentengenerals Dwight D. Eisenhower.

Aber Westpoint war nur eine von vielen Stationen der laufenden never ending tour. Das verschweigt »Der Spiegel«, indem er den Eindruck zu erwecken versucht, Dylan habe eigens zu Eisenhowers Geburtstagsfeier ein »rauschendes Konzert« gegeben.

»Rolling Stone«-Autor Alan Light will nicht einmal ausschließen, daß Dylan überhaupt nicht wußte, wo er an jenem

13. Oktober auftreten würde. Das ist gut möglich. Dylan erfuhr während der 78er Tour auch erst im Zug von Berlin nach Nürnberg, daß es sich bei dem im Tourplan aufgeführten Zeppelinfeld um das frühere Reichsparteitagsgelände handelte. Beim ersten Blick von der Westpoint-Bühne ins Publikum muß ihm aber schnell klar geworden sein, daß er sich an diesem Abend an einem sehr speziellen Ort befand. In den vorderen Reihen saßen sie, aufgereiht in ihren grauen Ausgehuniformen, die clean-cut kids der United States Military Academy. Der Rest und der überwiegende Teil des Publikums kam in Zivil, viele Altfreaks aus dem nahegelegenen Woodstock darunter.

Das Konzert verlief, wie ein Konzert verläuft. Keine besonderen Vorkommnisse. Sicherheit und Ordnung waren stets gewährleistet. Wie es allerdings um die innere Sicherheit der Westpoint Kadetten nach Dylans Auftritt stand, wird nur schwer zu ermitteln sein. »Rolling Stone«-Reporter Alan Light erlebte einen ziemlich unangenehmen Augenblick während des Konzertes. Das war, als Dylan in die jungen Gesichter dieser künftigen »real-life masters of war« die Zeilen sang: I hope that you die/And your death'll come soon, und alle in der Halle wußten, daß ein Krieg in Vorbereitung war. Jedoch: »The song met with a cool response from the cadets down front.« Cool wie Chirurgen, von denen einmal erwartet werden wird, mit Laserbomben einen Bunker zu sezieren. Coole Herren eines coolen Krieges.

Ich glaube allerdings, daß Dylan diese Zeilen ganz ohne Arg gesungen hat, hat er doch mit den Herren des Kriegs mehr die des militärisch-industriellen Komplexes auf der Generals- und Vorstandsebene im Visier als jene kahlgeschorenen Kadetten zu seinen Füßen.

Die Westpoint Show, und das wäre die wirkliche Nachricht gewesen, war eines der letzten Konzerte unter Mitwirkung von G. E. Smith, dessen Gitarrenspiel, wie sich schon bald zeigen sollte, unverzichtbarer Bestandteil von Dylans jüngsten Konzerterfolgen war. Eine Trennung, über deren Gründe noch immer nur spekuliert werden kann. Künstlerisch wäre sie nur verständlich, wenn Dylan mit ihr auch die Tour beendet hätte, um irgendwann nach einer Pause mit einer neuen Formation, vielleicht mal wieder um ein Keyboard oder gar ein paar Bläser erweitert, zurückzukehren.

Bereits in Westpoint hatte Dylan neben G. E. Smith einen Gitarrenlehrling auf der Bühne, und er sollte auch in den folgenden Konzerten noch manch anderen Gitarristen zum öffentlichen Vorspielen einladen. Das Signal: the never ending tour is going on.

Wenn Dylan demnächst unter dem Titel »The Never Ending Tour« ein Album mit Liveaufnahmen herausbringen würde, wäre ich nicht überrascht. Dieser Tourname ist jedoch kein Marketingprodukt, sondern eine Kreation der internationalen Fangemeinde, ein Name, auf den man sich schließlich einigte, nachdem die Tour zwischendrin auch mal unter »The Horrible Tour« gelaufen war.

In der Namensgebung »Never Ending Tour« drückt sich zuallererst das wachsende Erstaunen über Dylans hyperaktivistische Bühnenpräsenz aus, die ihn bei zunehmender Beschleunigung zwischen Nordamerika und Europa hin und her treibt, mit Abstechern zuweilen, wie gerade eben erst nach Mexico und Durango. Mit dieser Namensgebung verbinden sich Erinnerungen an ups und downs, an flips und flops, an einen fliegenden Personalwechsel mit fast zäsurlosem Übergang von einer Band zur nächsten. Mit dieser Namensgebung verbindet sich auch und von Monat zu Monat mehr die Frage, wann diese never ending tour endlich zu einem Ende kommen wird.

Für mich war sie bereits mit dem letzten Londoner Konzert im Frühjahr 1990 beendet, Montreux war nur noch eine grandiose Zugabe.

Als dann so gegen Jahresende das Gerücht, Dylan werde Anfang 91 im Zürcher Hallenstadion auftreten, mit dem anlaufenden Vorverkauf zur Gewißheit wurde, reagierte ich zum ersten Mal spontan mit Abwehr. Daß ich dann schließlich doch hingehen würde, war klar von vornherein, klar war aber auch, daß es bei diesem einen Konzert in Zürich, wo ich zu dieser Zeit lebte, bleiben würde. Ich hatte Dylan, als er dann im Hallenstadion ans Mikrophon trat und dem Publikum beschied, Ihr geht besser Euren Weg, ich gehe meinen, innerhalb eines Jahres achtmal live erlebt — aufs Jahr verteilt alle sechs Wochen.

I wish, I wish, I wish in vain, Dylan setzte gleich zu Beginn des Zürcher Konzerts einen spektakulären Höhepunkt. Mit »Bob Dylan's Dream«, einem Lied aus der freewheelin' Frühzeit, gab Dylan zugleich seinen Kommentar zur Lage. Auch seine Interpretation von »Everthing Is Broken« erwies sich als der Lage angemessen.

Weil mir der Anflug von Triumphalismus in Dylans Stimme mißfiel, dieser rechthaberische Gestus von »Da sieht man's mal wieder« und »Ich hab's ja schon immer gewußt«, aber auch weil ich das Gereime als banal empfand, habe ich dieses Lied seinerzeit als das Unbedeutendste von »Oh Mercy« abgetan. Ohne einen Vers oder auch nur eine Zeile zu ändern, nur durch den Wechsel der Haltung beim Singen hat Dylan den Charakter dieses Liedes radikal verändert. »Gotta Serve Somebody« hat im Verlauf der Tourgeschichte einen ähnlich radikalen Charakterwandel vollzogen — vom fanatisch religiösen Gebot zur lakonisch resignierten Einsicht in das, was Sache ist: Gotta serve somebody, everything is broken.

Dylan, so Jean Martin Büttner in seiner »Tagesanzeiger«-Besprechung des Zürcher Konzerts, »hat die Lieder zur Lage schon geschrieben, hat Lieder für alle Lebenslagen geschrieben. Und die Gefühle dazu besungen, ohne sie zu deuten. Diese Arbeit mußte man selber leisten.« An diesem Abend im Zürcher Hallenstadion wurde es zu einem harten Stück Arbeit.

Es war Krieg. Der Krieg ist Dylans Thema, Krieg als eine blutige Realität sinnloser Zerstörung, Krieg als Metapher für die Feindseligkeit unter den Menschen.

Meine Erinerung an das Zürcher Konzert ist nach wie vor zwiespältig. Nie war die Diskrepanz zwischen Gehörtem und

Erlebtem und dem, was ich kurze Zeit später als Mitschnitt auf einer Tonbandkassette zu hören bekam, größer. Das Phänomen war mir bereits bekannt. Daß aber die emotionale Ausnahmesituation, in der ich mich selbst befand, alles, was in der Halle und auf der Bühne geschah, so überdecken würde, hätte ich nicht erwartet. Wie in einem superschnellen Zeitraffer flogen alle Stimmungen und Empfindungen, alle Gedanken und Erkenntnisse, alle Ereignisse und Erfahrungen, die ich mit bestimmten Dylan Songs verbinde, an mir vorüber. Am Ende des Schnelldurchlaufs wußte ich, daß dieser Krieg auch Dylans Liedern die letzten Hoffnungen ausgetrieben hatte. No more hope, no more questions. Only easy answers. Die Antwort, mein Freund, is blowing in the desert storm, doch um Mißverständnisse zu vermeiden: Don't say murder, don't say kill, it was destiny, it was God's will.

Sonntag, 7. April 1991, kurz nach Mitternacht: Bevor ich das Manuskript abschließe und den über mehrere Jahre in »Konkret« veröffentlichten Briefwechsel »zwischen ›Konkret‹-Autor Günter A., zuständig für alle Fragen der Dylan-Deutung, und dem Dylan-Experten Uwe H. aus Hamburg-Winterlude« in Satz gebe, konsultiere ich noch einmal die »Wanted Man« hotline. What was it I wanted? Nicht unbedingt, was mir über Tonband mitgeteilt wurde, doch überrascht hat es mich auch nicht. Dylan, so die Tonbandstimme, sei für die Sommersaison 1991 bereits bei verschiedenen europäischen Festivals gebucht. Von Italy und Germany ist die Rede. Schon in London hatte Mitte Februar Victor Maimudes, ein alter Dylan-Freund und Tourbegleiter, von 120 Buchungen berichtet.

Einige dieser im Februar '91 gespielten Londoner Konzerte habe ich mittlerweile gehört. Die Abwärtsbewegung ist unüberhörbar. Doch das kann morgen schon ganz anders sein.

Als Sieger aus dem noch in den USA veranstalteten Gitarristen-Wettbewerb war Ceasar Diaz, bis dahin Dylans Gitarrenstimmer, hervorgegangen. In Zürich spielte er auf der number one position. Als Nummer zwei stellte Dylan einen Spieler auf, den selbst Martin Schäfer nur als einen »gewissen« John Jackson vorzustellen vermochte. Ans Schlagzeug setzte er Ian Wallace, Ex-King Crimson und Dylan-Kennern nicht nur von »Street Legal«, sondern auch als Schlagzeuger der 78er Tour gut in Erinnerung. Das beste, was von dieser neuen Formation, nur der Bassist wurde von der alten übernommen, zu sagen ist: sie spielt pretty dirty.

Irgendwo zwischen Zürich über Utrecht, Brüssel, Dublin und Glasgow auf dem Weg nach London hat Dylan dann eine Umstellung vorgenommen. Die Leadgitarre übernahm jener »gewisse« John Jackson, ohne allerdings die Lücke, die G. E. Smith hinterlassen hatte, füllen zu können.

Erstmals seit Jahren war auf diesem Tourabschnitt wieder so etwas wie ein Repertoire zu erkennen. Dylan begnügt sich mit einer oder zwei Neuaufnahmen pro Konzert. Am Ende der jeweiligen Tourphase hat er dann doch immer noch ein größeres Repertoire vorgestellt als jeder andere Künstler, der über die internationalen Konzertbühnen tourt.

Auch wenn mit dieser reduzierten und teils auch standardisierten Songauswahl das je Spezifische der Konzerte nivelliert wird, auch wenn damit die Abwechslung und ein Stück Spannung verloren gehen, ist diese Selbstbeschränkung mehr als nur zu akzeptieren. Wenigstens den selbstzerstörerischen Speed scheint Dylan aus der never ending tour nehmen zu wollen. Aber auch das könnte schon ganz bald wieder ganz anders sein.

»Daß es kein Dylan Revival geben wird, liegt schon darin begründet, daß er ja nie weg war«, erkannte schon Mitte der 80er Jahre der helle Diedrich Diederichsen. Doch liegt zwischen »da« im Sinne von »nicht weg« sein und präsent im Sinne von am Markt verfügbar die große weite Welt des Rock-Pop-Bussiness. Auch in diese Welt ist Dylan als Größe respektive Kalkulationsfaktor zurückgekehrt.

Der erste 1985 unter dem Titel »Biograph« erschienene Supersampler mit altem und weitgehend unbekanntem Material war absatztechnisch noch ein Spekulationsobjekt. Für das

Unternehmen gab es weder einen besonderen Anlaß noch ein besonderes Umfeld.

Nun hat »Columbia« zu Dylans fünfzigstem Geburtstag ein Album »The Bootleg Series. Volumes 1—3 (rare and unreleased)« veröffentlicht. Diesmal ist das Angebot gut plaziert im Umfeld von zwei erfolgreichen Platten (auch wenn »Under the Red Sky« hinter »Oh Mercy« in jeder Hinsicht zurückbleibt), dem Erfolg von »Travelling Wilburys« (auch wenn die zweite Platte ohne Roy Orbison an den Erfolg der erste nicht anzuknüpfen vermochte), einer never ending tour (deren Ende nicht absehbar ist), einer Grammy-Preisverleihung für Lifetime Achievement und schießlich der Feier seines 50. Geburtstages am 24. Mai 1991.

My shoes, they come from Singapore, my flashlight's from Taiwan, my tablecloth's from Malaysia und meine Platte is from Japan, müßte Dylan heute dichten, denn auch er ist Opfer von Rechteabtretungen und Produktionsstättenverlagerungen geworden. It's sundown in the union, and what's made in the U.S.A. — ein japanischer Medienmulti hat sich der Pflege von Dylans Werk und dem vieler seiner CBS-Kollegen angenommen.

Sony bedankt sich mit dieser sensationellen von Dylans Hausarchivar Jeff Rosen zusammengestellten Bootlegsammlung. An anderer Stelle werde ich auf diese von John Bauldie kenntnisreich kommentierte Sammlung, die 1961 mit »Hard Time in New York Town« beginnt und in einem furiosen wagnerianischen Finale mit »Series of Dreams« endet, zurückkommen.

Dylan wird fünfzig and the whole wide media world ist watching. Das muß ihn amüsieren. Wahrscheinlich wird er den Tag auf einer Bühne irgendwo in Europa verbringen. Irgendwo, aber wann? Am vierundzwanzigsten Mai oder am elften?

Die Bootleg Serie erlaubt einen tiefen Einblick in die Künstler-Biographie des Bob Dylan, doch ebenso zielstrebig verwischt sie die Lebensgeschichte des Robert Alan Zimmerman. Das dem Album beigelegte booklet-cover zeigt ein von Morgan Renard 1978 in einem Speisewagen der Deutschen Bundesbahn aufgenommenes Stilleben »Reisepaß mit Kaffee-taß«. Name: Robert Dylan. Hair: brown. Eyes: blue. Birthday: May 11. In anderen Worten: It ain't me.

The Bootleg-
Series. Vol. 1–3
1991

¡Señor! Hören Sie

Was man zunächst mal sagen muß: Sie ist bei nüchternem Hören nicht schlechter als bei vollem Bewußtsein. Zum Arrangement kommen wir später; aber die Stimme ist besser als alles andere auf dieser Platte, die Texte und die Noten ausgenommen. Die Stimme ist wunderbar, sie ist fast alles. Noch nie wurden background chicks so sinnvoll und beholfen eingesetzt, wie hier hinter diesem Adler. Und was er krächzt, ich habe es Ihnen schon am Telefon gesagt, ist genau das, was wir hören wollen. Von daher praktisch ein neues komplettes »best-of-greatest-hits« Album. Fast jede Zeile ist ein Zitat, im doppelten Sinne. Viele neu geschaffene Arbeitsplätze für Dylanologen, eine Platte, die einem ein klein wenig über den Lindenhügel hilft. Man denke nur an den wunderbaren Dialog *Where are you tonight? — Journey through the dark heat.* Schlüsselworte zwischen *Changing of...* und *dark heat* sind: *mountain, wind, long distance train, drifting like a satellite, woman in rage, time, burned before, cold blooded moon, black nightingale, Eden (is burning!), peace will come, travel alone, down to the bottom with a bad man, babe, painted wagon, weekend in hell, I feel displaced, a downhill dance, partners in crime,* ein Hauch nur von *Yankee power, and a marching band,* aber: *there's a wicked wind still blowing (on that upper deck),* und viel *hidin' pain* und *leaving tomorrow.*

Melancholischer Optimismus. Er hat wohl ein bißchen im dictionary und im Dylan-Song-Book geblättert, aber prima.

Zu den Hauptpersonen der Geschichte zählen: *good shepherds, merchants and thieves, the captain, a beloved maid, a messenger, renegade priests and teacherours young witches, the warlords of sorrow and queens of tomorrow, a gypsy with a broken flag, Miss X, a full blooded Cherokee, Marcel and St. John,* despe-

rate men, desperate woman (-divided-) und ähnliche Vögel.
Allerdings ist kein *George Jackson* oder *Hattie Caroll* mehr
dabei, aber die *times* sind ja bekanntlich *a-changing*.

Alle werden durch diese Stimme unheimlich lebendig. Je
nun, der sound *ist* sehr modern, so what? Immerhin hat Elvis
jetzt seine Nachfolge geregelt. Und wir wissen auch, warum
Bob damals bei L. Cohen war — um sich bei Phil Spector
etwas umzuhören und anzuregen. Ich find' das so schlimm
nicht. Genau das, was mich im Gegensatz zu einigen anderen
an Leonhards Monster-Platte schon nicht gestört hat, stört
mich bei dieser nämlich auch nicht, just another side of... ich
seh' das ein. Der sound ist ein Nebenwiderspruch.

Wir von der open-ear-gang haben uns doch nie auf (das
Gerede über) die arrangements eingelassen. Die Musik stimmt
bei Zimmermann/Weintraub/Youdelman/Bernstein/Feld-
mann und Sandweiss allemal angesichts dessen, was uns Mick,
Ringo und die anderen Persönlichkeiten des öffentlichen Ster-
bens vorzusetzen wagen. Selfportrait also insofern, als es Sie
oder mich betrifft, jawohl. (Blood on the tracks...) Und das
haben wir von Bob schon immer gekriegt. Weil persönliche
Bekenntnisse wie hier eben für viele gelten.

Mit einem Wort für Sie als oberdialektischen Schwerpacker:
Man kann sich schon auf die Nächste freuen.

Na dann: Frohe Weihnachten! (Es handelt sich einwandfrei
um subterranean-homesick-jinglebells, das alte im Neuen, wie
John Wesley Hegel sagen würde.)

Sodann, Señor!!

Konkret 8/79

*Street
Legal
1978*

Eine Woche lang lief im Hamburger ABATON Kino Bob Dylans Film »Renaldo und Clara«. Die Vorstellung waren Abend für Abend ausverkauft. Anschließend wurde eine angeblich von Bod Dylan autorisierte Kurzversion des Films ins Programm genommen. Besucher, die beide Versionen gesehen haben, sind sich darin einig, daß die Kurzfassung mit dem ursprünglichen Werk nichts mehr zu tun hat. Unser Meysenburg Bild zeigt den Dylan Experten Uwe H. aus Hamburg Winterlude und Konkret Autor Günter A. vor dem ABATON Kino.

Kawasaki!

Ein paar Worte sollte man nun doch zu Dylans Japan-Album sagen, auch wenn es über Vertriebsumwege nach Europa gekommen und eigentlich gar nicht für unsere Schlitzohren bestimmt ist.

Die allgemeine Begeisterung über das »*Budokan-Album*« erstaunt mich.

Sollte es den Lobpreisern entgangen sein, daß es sich hier just um dieselben Lieder in fast der gleichen Aufmachung handelt, die Dylan mit derselben Big Band auch auf seiner Europa-Tournee vorführte? Damals war die Kritik zurückhaltend bis gehässig.

Neulich nun sprach einer im NDR gar vom »Genie Dylan«, als er die Reggae-Version von »*Don't Think Twice*« auflegte. It's alright, nur wegen dieser Nummer wurde Bob in Berlin angegriffen und von den writers and critics auseinandergenommen. Er konnte damals nur verwundert sein Publikum fragen: »Don't you hear – that foreign sound in your ear?« Und man sieht, für die andern gilt noch immer das »Don't speak too soon...« Yeah nun, rettet den NDR!

Allerdings, ein wichtiger Unterschied wurmt das Ohr: Bei diesem Album, »Dylan in Hondaland«, ist die Abmischung des sounds verändert: das Saxophon von Steve Douglas steht ungeheuer im Vordergrund und beherrscht vor dem dicken Teppich des Mädchentrios den Klang. Und der wird einfach zu fett, zu behäbig und zu breiartig. Nicht so sehr, wenn man einzelne songs im Radio hört, erst beim Hören des ganzen Albums fällt die Ladung Pomade ins Gewicht. Ballad of a thick man, eine Abmagerungskur tut not.

Und was ist aus Dylans zweiter Stimme, seinem Mundharmonika-Spiel geworden? Nichts als nur ein weiteres Instrument, ein flauer Teil des Arrangements. Was vorher stets in die Knie ging, schlägt hier auf den Magen, fehlt nur noch der große kaiserliche Gong zum »Knocking on Heaven's Door«.

Ein Album für Leute, die ihre neue Hitachi-Stereoanlage ausprobieren und ihren Nachbarn imponieren wollen.

Einige Lieder klingen in der Tat sehr nach Selbstzerstörung, wie jenes Album, das diesen Titel hätte tragen sollen, dann aber als »Selfportrait« erschien. »*Blowin in the Wind*« bringt er, als wolle er das Lied einfürallemal kaputtsingen. Wen verarscht er da? Sich? Das Lied? Uns? The answer? Und »*Oh Sister*« kommt dahergedröhnt wie eine Suzuki 750. Absolutes Hara-kiri.

Die Horrorvision von »Dr. Dylan in Las Vegas« drängt sich auf.

Ja, und dann hat er in diesem Polizei-Land, dem Wächter Asien noch nicht einmal »Masters of War« drauf, und auch nicht »Hard Rain«. Hiroshima, I'm only bleeding.

Hoffentlich vergißt er das nächste Mal, wenn er ins konservative Englang kommt, nicht »I ain't gonna work on Maggie's farm no more« zu singen.

Ein Trost nur, daß er sich wenigstens bei der Zeile *I offered up my innocence* ein bißchen versingt.

Daß Bob von »Emma« in die Galerie bedeutender Sexisten aufgenommen worden ist, dürfte Ihnen bekannt sein. Frauen klagen bewegt über eine Zeile aus »*Is Your Love in Vain*«.

Sie wissen, welche ich meine?

Can you cook and sew, make flowers grow, do you understand my pain?

Also erstens: Was spricht dagegen, daß einer kochen und nähen und Blumen wachsen lassen kann? Und zweitens: Warum fühlen sich diese Frauen immer gleich angesprochen? Könnte es nicht sein, daß Bob einen Typen fragt: »Can you cook and sew, make flowers grow?«

Verstehen Sie mein Problem?

Natürlich sind auch auf diesem Album einzelne wunderschöne Versionen dabei, aber das ist selbstverständlich. Es geht hier ums Ganze, das das Unwahre ist.

Yamaha, auch an Ihr Sony.

Konkret 8/79

*Bod Dylan
at Budokan
1979*

Lord Extra

Dylan sei religiös geworden, konnte man schon vor Monaten lesen. Er sei zum Katholizismus übergetreten, war von USA-Reisenden zu hören. Und es gibt Leute, die wollen ihn in der Messe gesehen haben.

Wer Augen und Ohren mehr traut als Gerüchten, wußte bereits, daß der Zug abgefahren war, wenn er die Kurzfassung von Dylans ursprünglich vierstündigem masterpiece »Renaldo und Clara« über sich hatte ergehen lassen. Was Dylan aus dem Film rausnahm, und was er drinnen ließ, war Verdeutung genug. Sie werden einwenden, Dylan sei schon immer religiös gewesen, so religiös jedenfalls, daß ein Gott in seinem Weltsystem existierte. Aber doch eher einer im Sinne von Brechts Galilei: »In uns oder nirgends!« Ein Gott, der sagt: »Next time you see me coming, you better run.«

Der Gott, mit dem es Dylan jetzt zu tun hat, ist der dreieinige Gott der Christen und kein anderer neben ihm. *You were telling him about Buddah/you were telling him about Mohammed in one breath/you never mentioned one time the Man who came and died a criminal's death.*

Das alles kommt sehr eindeutig im *slow train ... up around the bend*. Eine message hat er auch geladen: *You are gonna have to serve somebody.* Faustdicke, unverblümte Befehlsform. *Got to do unto others like you have them do unto you.* Keine Fragen mehr, kein »How does it feel?« »Where have you been?« »Which side are you on?« Doch das ist nur konsequent. Bob über Dylan: »You never ask questions with God on your side.« Right?

Bobby als Wanderprediger, der *uns* in die Wüste schicken will. Darauf müssen Sie sich gefaßt machen. *Jesus said be ready./You know not the hour which I come.* Na und? *Who's not for me is aginst me.*

29

Da gibts nichts zu deuten. Mit heiligem Bimbam kommt der Gospeltrain angeölt wie eine klappernde Geisterbahn. Und Sie können nur sagen: »Don't say I never warned you when your train gets lost.«

Nun weiß ich, daß Sie bereit sind, Bob auf allen Straßen und dunklen Wegen zu folgen. Aber bitte, freewheelin'! Lieber fifteen jugglers als five believers.

Für Dylan gibt es keinen Ausweg, bis *he returns*. Geben Sie alle *earthly principles* auf, und ändern Sie Ihren *way of thinking*. Vielleicht haben Sie und ich, wir alle dann eine Chance: *There'll be no peace, and the war won't cease, until he returns.*

Egal ob Sie in einem Frisörladen arbeiten, ob Sie nun gerade der Boss von einem großen TV-Network sind oder nur *construction worker*, auf dem Fußboden oder im Kingsize-Bett zu schlafen geruhen, ob Sie Kaviar fressen oder sich mit Brot begnügen müssen: *You are gonna have to serve somebody.*

Sie werden wie ich nach einem Ausweg gesucht haben, nach Zweideutigem, um das Eindeutige zu neutralisieren. Keine Chance!

There is a kingdom called heaven, ratazong ratazong *and there ain't no neutral ground.* J. S. Bachs Matthäus-Passion läßt einem mehr Spielraum als Dylans Texte. »Süßer Jesus, leg deine Beine zwischen meine.« So oder so ähnlich. Es rettet uns kein Gott, kein höheres Wesen. Dylan meint es ernst. Er rührt im Topf christlicher Grunzwerte. Der alte Quark quillt uns momentan aus allen Löchern entgegen. Die Retter des Abendlands haben Hochkonjunktur in der Krise. Mit Versprechungen und Drohungen betäuben sie unsere psychische Depression im Gefolge der ökonomischen: *For all those who have eyes/and all those who have ears/it is only he/who can reduce me to tears.* Ach ja: *Truth is an arrow/and the gate is narrow/Let us pass through.* Durch dieses Nadelöhr soll kriechen, wer will.

Erinnern Sie sich an die beiden Predigertypen auf dem Dach des Volkswagen-Busses in »Renaldo und Clara«? Mit denen will Bob natürlich nichts zu tun haben. Sie sind wohl die *false healers/men stealers, talking in the name of religion.*

Für derartige Differenzierungen mögen sich die verschiedenen Zweigfirmen des Jesus-Konzerns interessieren. Für uns ist es idiot wind um nichts! Und ob *er* nun (ich meine den anderen, nicht ihn) zurückkommt oder nicht, interessiert Sie so wenig wie mich. They never come back.

Heavy stuff, den Bob im Gepäckwagen seines slow train verstaut hat. *Socialism-hypnotism* konnte man noch als kleine Keckheit hinnehmen. Damals bewegt sich Bob noch auf legalen Straßen. In *»When You Gonna Wake Up«*, dem schrecklichsten song auf der neuen Platte, wirds offen reaktionär. Falsche Philosophien haben uns allen angeblich den Kopf verdreckt und *Karl Marx has got you by the throat/Henry Kissinger has got you tied up into knots.* Und das »in *one* breath« von einem, der auszog, Spuren im jingle-jangle morning zu finden: »Farewell Angelina/thy sky is in fire/and I must go.«

Es liegt nahe, diese Platte in größere Zusammenhänge zu stellen als Ausdruck von und typisch für. Man kann sich aber auch ganz schlicht fragen: »How can the life of such a man be in the palm of some fool's hand?«

Dylan muß verzweifelt sein, und das spricht für ihn. Solche Lieder sind *seine* Reaktion auf Kaputtheit und Zerfall, auf die Sinnlosigkeit des amerikanischen Alptraums und die Brutalität des kapitalistischen Realismus. »God is a concept by which we measure our pain, yeah, I say it again.« John Lennon hat das gesagt. All dieses Elend: *Sons becoming husbands to their mothers, old men turning young girls into whores, gangsters in power, and lawbreakers making rules.* Unschuldige im Knast und die Irrenhäuser überfüllt. *You got unrighteous doctors dealing drugs that'll never kill your ills.* Die Reichen *seduce the poor*, die Alten *are seduced by the young* und *blood & water* fließen sowieso durchs Land. Keiner hälts mehr mit der *golden rule. Man's ego is inflated his laws are outdated/they don't apply no more.«

Aber woher kommt das? Leute verhungern und verdursten, während gleichzeitig die Scheunen brechen — wieso eigentlich? *I don't care about economy/I don't care about astronomy.* Aha. In *one* breath.

Mit all dem will Bob nichts zu tun haben und geht *on the way out of Egypt/to E-thi-o-pi-a.* Kein schlechter Weg aus Sadats imperialistischem Satelliten in ein befreites Land, wenn einen dort nicht *the judgement hall of Christ* erwarten würde. Herr, dunkel ist der Rede Sinn, drum hör'n wir gar nicht weiter hin. Erlöse uns von diesen öden Liedern und gib uns unser täglich Bobby. Der ist nun mal der größte songwriter seit Schubert und der größte Sänger seit Caruso. It is the singer, not the song. Der Sänger ist verzweifelt, und wahrlich sage ich Ihnen: Er hat allen Grund. jeder redet von *brotherly love* und kaum einer lebt danach. Weder halten die Männer die Klappe noch die Frauen den Frieden. Desperate men, desperate women, würde Bob Dylan sagen.

Desperate Bobby *(»you may call me Bobby, you may call me Zimmi«):* Diese menschliche Stimme, wenn er »I Believe in You« singt. *They, they look at me and frown/They'd like to drive me from this town/they don't want me around./They show me to the door/they say don't come back no more/as I don't be like they'd like me to./And I don't feel alone...* Wunderschön, nicht wahr? Das sind die Empfindungen von einem, den sie rausgeschmissen haben, ausgesperrt und außer Landes gejagt. Und dann kommt das beknackte *'cause I believe in you.* Der song wird zur tauben Nuß und Bobbys Gesang zum Lamento. Dylan weiß von der Wut und Enttäuschung seiner Hörer und Freunde. Er nimmt sie vorweg: *Oh, though my friends forsake me/even that couldn't make me go back./And I, I don't mind the pain,/don't mind the driving rain/I know I will sustain.* Dylan rechnet mit Wut und Enttäuschung, weil er Wut und Enttäuschung provozieren will. *My socalled friends/have fallen under a spell/they look me squarely in the eye/and say ›Well, all is well‹ –.*

Nothing is well! Jesus ist langweilig, Dire Straits sind langweilig, die Platte ist langweilig. Wenn Bob aber das Kinderlied »Man Gave Names to All the Animals« singt und »I Believe in You« kommt die Gewißheit, daß er nur versehentlich den falschen Bahnsteig mit dem Gospel-Train erwischt hat. Und ich bin sicher, Sie werden in dieser Stunde härtester Prüfung nicht abtrünnig. Die Strecke wird bald stillgelegt. Haben Sie etwas Geduld. Bobby bleibt unser Hobby.

Ein Herr sei mit Ihnen.

Konkret 11/79

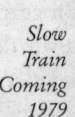

*Slow
Train
Coming
1979*

There is No Hope with That Pope

Hey Sie, na endlich! Die *neueste* Dylan-Platte ist raus, und sie macht, Gott sei Dank, Dampf. Dylan ist wieder runter vom »slow train«, der aufs Abstellgleis keucht, und wieder da, wo er hingehört: on the *road* again, back in the rain. Es wurde auch höchste Eisenbahn. *Denn wir haben hier keine bleibende Stadt, sondern die zukünftige suchen wir* (Hebräer 13,14). Vorüber ist der Flirt mit Jesus. (»Our conversation was short and sweet/ it nearly swept me/ off of my feet/ Now I'm back in the rain...«)

Eine kurze Erinnerung nur an den Kreuz-Zug:

Believe me, God is everywhere/ in the middle of the air/ even in a polar bear/ God is in a peppersteak/ God is in a butter-cake/ he is in me, he is in you/ rambling down Highway 62. (Aus: *»The Changing of the Gods«*)

Wie schön, daß Dylan wieder zu seinem eigenen Prinzip zurückgekehrt ist, *keine* message zu verkaufen und sich diesbezüglichen Erwartungen zu verweigern. (»It has never been my duty ro remake the world at large/ nor is it my intention to sound the battle charge...«) *Der* bin ich nicht, ich bin ich, und »God is just a 3-letter-word«.

Bob Dylan steht wieder auf eigenen Füßen.

›No‹ is the answer/ to a problem I forgot/ ›Why?‹ is a question/ just like ›why not?‹/ Don't you confuse me/ 'cause I know better/ that zero is a number/ and O is a letter. (Aus: *»The Changing of the Gods«*)

Das reicht uns als message, nicht wahr? Bob Dylan minus zero. Wer Dylans Biographie nicht kennt und nur das letzte Album — das letzte in der Tat — in Erinnerung hat (»Slow Train Coming«) wird sich über Bobs Kehrtwendung aus dem Stand wundern.

Er hat sich vom Altar des Herrn ab- und Irdischem zugewandt. Wieder zugewandt.

Let the man on the cross/ not be your boss/ There is no hope/ with that Pope.

Mit einem Wort: No sound ever comes from the Gates of Eden. Das trübe Kapitel der religiösen Verirrungen können wir, dem Herrn sei Dank, getrost vergessen. Jesus-Faktor: negativ.

Das neue Album hätte schlicht »Revisited« heißen können. Es heißt »Raved« – Bob wird sich etwas dabei gedacht haben. Die Platte ist geeignet, eine Brücke zu schlagen zwischen den alten Dylan-Freaks und neuen Fans im Knabenalter. Aufgabe der Dylan-Forschung ist es, den Transfer zu leisten und zur Entschlüsselung mit beizutragen. Denn vieles ist verschlüsselt – wie immer. Und wie immer liegt der Schlüssel in Dylans Gesamtwerk selbst.

»Time is a jet plane/ it ends at the shore«

Um keine falschen Erwartungen zu wecken: Folk-Puristen werden von der neuesten Platte enttäuscht sein. Dylan kramt in keiner Nummer die akustische Gitarre hervor, wenn auch in vielen Stücken der Folk-Einfluß nicht zu überhören ist. Es dominiert jedoch ein klarer, solider Rock'n'Roll ohne allzuviel technischen Firle-Fanz. Und um gleich am Anfang vom musikalischen Höhepunkt zu sprechen: Machen Sie sich auf einen Überfall gefaßt, wenn Sie den »*High Time Blues*« hören. Dylan spielt hier ein Mundharmonikasolo, das Sie flachlegen wird. Völlig unvermittelt nach der Zeile *Time is a jet plane/ it ends at the shore* bricht es aus. Viereinhalb Minuten lang in immer neuen Variationen bohrt er sich in Ihre Ohren. Das verstehe ich unter »New Wave«.

Die Platte ist politisch und direkt, ohne direkt politisch zu sein. Dylan scheint zu spüren, daß man dem neuen Irrationalismus, der sich in den USA mit kriegstreiberischem Nationalismus gepaart hat, nur mit klaren politischen Aussagen entgegentreten kann. Sein Lied »*Afghanistan*« läßt keine Unklarheiten darüber, auf welcher Seite er steht. »There is no neutral ground«. Fast wütend (Raved), von Arabian drums angetrieben und einer schneidend scharfen Gitarre unterstützt, sagt er, was dort Sache ist.

There was a provocation/ and without hesitation/ I knew what had to be done/ to clear the situation/ down in Afghanistan. (Aus: »*Afghanistan*«)

Ein weiterer, wichtiger Schritt auf Dylans Weg um die Welt von Mozambique, über Ägypten durch Äthiopien hindurch nach Afghanistan.

I want to dance in Afghanistan/ give them a chance in Afghanistan.

Es ist offensichtlich, daß Bob sich in seinem eigenen homeland, in dem schreckliche Dinge passieren, Angst und Elend zunehmen, weniger wohl fühlt denn je. Die USA kommen den Schreckensvisionen seiner frühen Lieder immer näher. Da geht Bobby ein bißchen weg.

I go away/ let's walk together/ The stars turn grey/ The sky's like leather. (Aus: »*Indian Chief*«)

Und über die Verlogenheit und Heuchelei der bigotten Menschenrechtler. *Don't wanna go to a church/ that keeps up the ghost of John Birch/ don't wanna pray to a Lord/ who blesses the gun and the sword.* (Aus: *»Misplaced inside a Church«*)

Spielen Sie einfach mal die Platte ab, und Sie feiern ein Wiederhören. Viele gute Bekannte treten auf. Man braucht die Platte nur anzuspielen, um die zahlreichen Anspielungen herauszuhören. Absolutely Sweet Mary hat bei Dr. Filth abtreiben lassen, Louie The King sitzt im Knast wegen Drogenhandels, Queen Jane, Ramona und Lily haben endlich ihren Führerschein gemacht, Maggie's Farm wurde von einem Tornado verwüstet und ist abgebrannt (was immer das bedeuten mag), auch William Zanziger hat Selbstmord begangen und 320 000 Dollar Schulden hinterlassen: nicht nur die Zeiten ändern sich, auch die Menschen, and the carpet, too, is moving under you. Bob Dylan erzählt aus ihrem Leben, wieder mal, immer noch. Wo andere vom Schicksal reden, da nennt er Namen. Gute Bekannte, the ghosts of our people. *Life is just a cookie/ or like a dry biscuit/ yesterday you found it/ tomorrow you'll risk it/ and I know that for some/ it's just like a-chewing gum.* (Aus: *»Obviously Just Like the 184th Time All over You Baby Blues«*)

Die Typen auf Dylans Platte sind da, wo sie hingehören. Deshalb könnte man seine songs hier auch als Heimatlieder bezeichnen. Neben den politischen Liedern — die man früher einmal Protestsongs nannte — hat Bob neue songs über das scheinbar Private geschrieben: Liebe (*at first she puts her knee on me/ she loves me with a theory*), Freundschaft (*I is such a lonely letter/You is such an empty space*), Trauer und Angst vor Verlust, Kinder und Kühe sind seine Themen. Wahrhaft tierisch ist das Lied »Cows and Boys«. Baudelaire hat ihn zu diesem Lied inspiriert. Während dieser sich vom verschleierten Blick eines Knaben faszinieren läßt, ist Bob vom kuhäugigen Blick eines Mondkalbs gefesselt. Er scherzt: *In the minglemangle morning/ I come, falling on you.* Die Selbstironie geht noch weiter: *I have dined with queens/ I've been offered teens/ But I've never been too perplexed.* (Aus: *»Cows and Boys«*)

Selbst Sie werden allerdings den Refrain etwas albern finden:
Hey, hey, hey/ may you stay/ forever gay.

Nun ja. If you see him say »Hallo!«

Konkret 8/80

Raved
1980

Grüße aus Bad Segeberg
Bobby Will Be Back: in the Rain

Halihalo, aus dem naßkalten Kur-und Festspielort Bad Segeberg sende ich Ihnen sonnige Urlaubsgrüße. Bob Dylan, unser
Schatz, war hier am Silbersee. Die Zwei-Tage-Kur ist mir gut
bekommen und hat spürbar angeschlagen. Ich atme freier nach
all den Beschwerden und Beklemmungen: frische Luft und
open air.

Mächtig schmächtig, unübersehbar älter mit tiefen Falten im
weißen Gesicht steht Bobby unterm Kalkfelsen und singt: *Well
I'm hangin' on to a solid rock.* Also doch, werden Sie sagen,
unüberhörbar die schwere Fracht vom lahmen Zug, jenem
slow train, auf den wir nie abfahren konnten.

Wohl besteht die Hälfte des Programms noch immer aus religiösen Lieder und noch läßt Bobby das Mädchenquartett als
Pausenfüller gospeln, doch, gottlob, er hat, das ist entschei-
dend, auch die sogenannten alten Songs wieder drauf. Und wie
er sie drauf hat. Nicht glatt gestriegelt, sondern neu gegen den
Strich gebürstet, die Rhythmen verändert, Melodieteile ver-
rückt, näher an Ella als an Mahalia. Dabei eine Band, die egal
which way the wind blows, alle Drehungen und Wendungen
mitmacht und absichert. Heavy stuff on heavy metal, von den
religiösen *Texten* kommt kaum noch was über die Bühne: *Blowing in the wind.*

Anders als auf den letzten beiden Venyl-Oblaten kommen
Songs wie »*Saved*« oder »*When You Gonna Wake Up?*« ausgesprochen schwungvoll an und manchem wohl schon wie
Dylan-Klassiker vor. »*I Believe in You*« läßt er unglaublich
glaubhaft rocken.

Auch der Sommerhit der Surfer-Bewegung *Gotta Surf Somebody* kann den Wind im Rücken gut vertragen. In der Neo-

Neuauflage erweisen die alten Lieder sich wieder mal als unverwüstlich hits- und frostbeständig. Er kann sie nicht zersingen, sie sind nicht aus Glas. So wie er sie heute singt, und morgen und schon nicht mehr, sind sie begeisternder denn je. Nehmen Sie »*Ballad of a Thin Man*«, freihändig ohne Gitarre mit Sonnenbrille pantomimisch aufgeführt, nehmen Sie »*Girl from the North Country*« oder, wie der Titel schon sagt, »*Forever Young*«. Bei »*Tambourine Man*« erinnerte ich mich an eine Ihrer treffenden Formulierungen: »Die menschlichste aller Stimmen, der unstimmigste aller Menschen.« Schließlich das Spiel seiner Dämonika, ein weiterer Höhepunkt. Und nehmen Sie das alles als Protestgesang gegen ein mitschunkelndes Publikum, das in Erinnerungen sich zurückwiegen will.

Auch ein paar Lieder seiner neuen Platte hat Bob gesungen. Die soll heißen *Shot of Love* oder *Lot of Shove* oder *Pot of Puff* oder *Hot auf RAF* oder *Gott ist schlaff* oder *Bob ist baff* oder wie auch immer oder noch schlimmer oder auch besser, »ein Mann wie ein Messer«, sagt Brecht über Dylan. Jedenfalls »*for me it's the most explosive album I've ever done*«, sagt Bob, wieder mal.

So klang sie, *explosive,* die neue Single »*Heart of Mine*« und dazu — das muß man gesehen haben — Bob Dylan am Keyboard. Auch der Song, dessen Refrain *in the summertime* endet *(I have the heart, you have the blood),* sollte Sie gespannt machen auf die neue Platte. Als Bob die Bühne verließ, sagt er: »*I hope we played something you came to hear. What we leave out, we leave out.*« So wird's wohl auch in Zukunft weitergehen: allmählich wird sich das Alte mit dem Neuen vermischen zu einem angeblich neuen Dylan, und mancher wird Unterschiede nicht mehr hören. Das Religiöse wird bleiben im Gesamtwerk, unüberhörbar seinen Platz einnehmen — wenn es denn der Wahrheitsfindung dient. Die Zeit der hysterischen Ausschließlichkeit und fundamentalistischen Agitation dürfte vorbei sein. Noch ist, dä will ich Ihnen nichts vormachen, eine geballte Ladung von dem drin, was »der Seufzer der bedrängten Kreatur, das Gemüt einer herzlosen Welt, ... der Geist geistloser Zustände ist«, wie schon Karl May sagte. »Und zwar ist die Religion das Selbstbewußtsein und das Selbstgefühl der Menschen, der sich entweder noch nicht erworben oder schon wieder verloren hat.«

Zugegeben, es ist ein Kompromiß, oft hart an der Grenze des Gewalttätigen, ein Programm nach dem Gesetz von säkularem Zuckerbrot und christlicher Knute. Doch das ist die message: für Dylan gibt es kein *No Future*, sondern schon wieder eine Gegenwart und immer noch eine Vergangenheit. Bobby will be back: in the rain, in the wind, in the summertime, in the garden, in the North Country, in plain D, in the jingle-jangle morning oder sonstwo, *when he returns*. Schöne Aussichten, nicht wahr? *It's gonna rain*, singen die Gospelmiezen, *don't you know the rainbow sign/ it won't be water but fire next time*.

Sie sehen, die Kur ist mir gut bekommen und hat in mir was angeschlagen. *Rockin' on Heaven's Floor, Like so Many Times Before*, das ist der Geist des Programms. *Heaven's Floor*, das ist der Boden, auf dem wir uns treffen können, und dabei stehen wir auf solidem Rock.

Konkret 8/81

41

Bob's Hope Show

»Shot of Love«: Die Platte verspricht erneut, was die Konzerte bereits gehalten haben. Es ist die Platte, von der man sagen wird, sie markierte Dylans Wendepunkt, die langsame Abkehr von allzu rascher Bekehrung.

Dylan beginnt sich aus der Erstarrung seines religiösen Standpunkts zu lösen und seinen auf Null *minus Zero* zusammengeschrumpften Horizont wieder zu weiten. Aber machen Sie sich keine Illusionen. Vier der neuen songs fügen sich in Text wie Musik noch nahtlos ins Konzept von »Saved«. Kleinkalibrig hingegospelte Salven, sinnlos in die Luft geballerte Platzpatronen. *»Trouble«* gehört dazu, *»Dead Man, Dead Man«,* auch *»Watered-Down Love«* und der Titelsong *»Shot of Love«.*

Ist man nach dem ersten Hören vielleicht noch vom sound beeindruckt und motiviert, die Texte zu entziffern, muß man bald feststellen, daß es der Mühe nicht wert war. Voll religiösen Feuers sind die meisten Nummern schnell ausgebrannt und zurück bleibt die graue Asche des Textes. Gab es nicht schon einmal einen *grandpa,* der ein Feuer auf der *mainstreet* entfachte *and shot it full of holes?* Aber beruhigen Sie sich. Die Kritik an diesem Teil seiner neuen Platte hat Bob selbst schon erledigt. *I've been shooting in the dark too long/ when something's not right it's wrong.*

Doch das genau dürften die Songs sein, auf die Kritiker der »Stiftung Warentest« fliegen werden.

»Watered-Down Love« ist nach allem, was man bisher zu hören bekam, der Wurm in ihren Ohren, der neue sound, den sie suchen. Von Mal zu Mal, von Platte zu Platte machen sie sich auf die Suche nach Neuem, desinteressiert an Entwicklungen, unfähig Dylans Gesamtwerk zu begreifen. Im übrigen hat Bob ja recht, wenn er uns in diesem Lied vorwirft *you don't*

want a love that's pure, weil: *that kind of love doesn't existe,* for sure. Bobby ist unser Zeuge.

Dead man, dead man, when will you arise (Was soll das eigentlich?). Ein song aus den Restbeständen der beiden vorangegangenen Produktionen. Frage: *Who can stand it?* Antwort: »*I can't stand it.*« *It's making me feel so sad,* sagt Bobby, wenn er wohl auch nicht sein eigenes Gejohle meint.

»*Trouble*«: Für ein Ohrenzucken stellen sich Erstaunen ein und Erinnerungen: feeling good was easy, Lord, when Bobby sang the blues. Doch dann beginnt man zu verstehen, daß dieses Lied Bob's Antwort auf den Zustand der Welt sein soll, *trouble nothing but trouble.* Und, oh Schreck, *the revolution will provide no solution for trouble.* Da sind sie wieder, die falschen Zungenschläge aus »Slow Train«, da wird aus dem bekehrten Christen wieder der fanatische Sektenprediger.

Im übrigen ist hier wie auf anderen songs der Platte das Gereime oft ziemlich banal. Der Gegensatz von *water* ist *air,* aber ist *city* auch der Gegensatz von *farm,* oder braucht er die nur, weil er einen Reim auf *charm* benötigt? Und braucht er den *shot of turpentine* im Titelsong »*Shot of Love*« nur deshalb (nicht), weil er einen Reim zu seinem *shot of heroine* sucht? Oder ist das der Schuß Ironie, der die nächstliegende Droge cocaine vergessen machen soll? Doch das interessiert nur den Drogenfachmann.

Unser Vorschlag an CBS wäre, zukünftig solche himmelschreienden songs auf eine Seite zu pressen — *with God on the A-side.* Uns bliebe dann *another side of Bob Dylan,* uns bliebe auch erspart, jedesmal aufzuspringen und den Tonarm über die religiösen Klippen zu heben. Imagine no religion ... Ich denke oft daran. You may say I'm a dreamer, but I'm not the only one.

Sprechen wir also von den Liedern, die langsam einsinken, nicht abprallen beim ersten Hören, die sich eingraben und wieder den Reichtum einer an Menschen interessierten Phantasie entfalten und die Armseligkeit religiöser Phantastereien hinter sich lassen. Das Ergebnis sind fünf musikalisch spannungsvolle

Lieder – einige von ihnen elegisch und melancholisch –, die mehr enthalten als hastig hingehechelte Bekenntnisse.

Eins davon ist »Heart of Mine«. Ein merkwürdig brüchiges, chaotisches Lied, hergestellt »with a little help from his friends Ringo Starr und Ron Wood«, wie die Plattenfirma zu erwähnen nicht vergißt. Bobby mit Stimme und am Klavier, zweite Stimme Clydie King.

Dylans neue Theorie der Eigentumsverhältnisse »Property of Jesus« dokumentiert den Wandel seiner Haltung, wenn auch der Titel des Stücks zunächst schockieren mag. Er erzählt die Geschichte von einem, der sich zum Eigentum des Herrn erklärt hat, nun keine Witze mehr macht und keine Märchen mehr erzählt, dem the things that you can't live without, nichts mehr bedeuten. Lach nur hinter seinem Rücken / wie es alle andern machen / you got something better / you got a heart of stone.

Als Bobby noch »Saved« war, hätte er gesungen »I am a property of Jesus«; daraus wurde he, einer, der er selbst sein kann, aber nicht sein muß. Das ist nicht Distanzierung vom Religiösen, aber Distanz zur eigenen Person, die es uns wieder ermöglicht zuzuhören, denn Geschichten, die das Leben schrieb, hören wir immer gern; besonders wenn Dylan sie schrieb. Diese Entkrampfung gibt der Musik einen unerhörten drive, macht den Song zu einem der schönsten auf der Platte.

»Lenny Bruce«, das Lied vom Tod eines Clowns, klingt wie die zweite Stimme eines unveröffentlichten songs: dark and slow / a special voice show. Er habe das Lied in fünf Minuten geschrieben, sagt Dylan in einem Interview.

Und dann erstmals die Mundharmonika in »The Summertime«. Auch dieser song eine Kehrtwendung, wenn auch nur auf dem Absatz. Dylan singt nicht mehr mit dem Rücken zum Publikum scheinbar desinteressiert an dem, was hinter seinem Rücken vorgeht. Er spricht zu einer Frau. I was in your presence for an hour or so, und erzählt uns, wie es damals gekommen ist, I got the heart you got the blood, als es ihm kam, als er kam. Then came the warning that was before the flood / that set everybody free.

Wenn aber eine der ältesten Thesen der neueren Dylanforschung stimmt, wonach das letzte Lied einer Platte auf die kommende hinweist, dann sei jeder Kleinmut beendet und jede Hoffnung berechtigt.

»*Every Grain of Sand*«, ein Gesang an uralte Dylansongs erinnernd: *chimes of freedom in every grain of sand*. Wie hieß es da copyrightaway 1964: Tolling for the rebel, tolling for the rake. Hier heißt es, *tolling in the danger and in the morals of despair*. Ha, ha, said the clown, endlich wieder Worte — ein Schuß ins Herz — oder *you got a heart of stone*.

In the fury of the moment / I can see the Master's hand / In every leaf that trembles / In every grain of sand. Wenn eine religiöse Stimmung — und was kann Religion anderes sein als eine Stimmung — so ausgedrückt wird, dann bittesehr, wer würde Widerworte wagen wollen? Bobby ist wieder auf der Reise — *then onward in my journey* — und auf dem Weg zu sich: *I hear the ancient footsteps / like the motion of the sea / sometimes I turn there's someone there / othertimes it's only me*.

Und er beginnt sich bereits zu fragen, wo bin ich: *I am hanging in the balance / of the reality of man / like every sparrow falling / like every grain of sand*. Doch wie kann einer, frage ich Sie, der *saved* ist, *in the balance of reality* herumhängen? Bitte erklären Sie mir das. Da ist der Bruch. Da ist Bob, wo er schon immer war.

Wir glauben, daß Dylan glaubt, was er glaubt, das ist die Geschäftsgrundlage unserer Beschäftigung mit ihm. Deshalb geht es nicht darum, sich nach irgendeinem »alten« Dylan zurückzusehnen und zu beklagen, daß er nicht mehr ist, wer er einmal war. (Was war er eigentlich? It ain't me, das war er, Babe!) Wir wollen von Dylan auch keine Ratschläge, weil wir uns selber beraten, wir wollen keine Protestsongs, weil wir selber protestieren.

Wir wollen aber auch keine Musik, die zu Reagans integriertem Schlachtfeld den rock'n'roll-back inszeniert. Wir brauchen zu den Manövern der Nato — zu Wasser, zu Lande und in der Luft — nicht noch Bobs religiöse Ablenkungsmanöver.

Jeder halbwegs bewußte Mensch hat heute den *Talking World War III Blues*. Wer da *saved* ruft und nur den Ratschlag bereit hat *put your ear to the train tracks / put your ear to the ground,* der muß sich fragen lassen, *which side are you on?* Post-war-lyrics wird es keine mehr geben, alles was zu sagen war, muß *before the flood* gesagt worden sein.

Was würde Bob heute wohl antworten, riefe ihn »sein« Präsident an und fragte, »my friend, Bob, what do we need to make the country grow?« Würde er ihm antworten, daß genau das die falsche Frage ist? Würde er wieder auf Brigitte Bardot verweisen? Würde er einfach *it may be the devil or it may be the Lord* sagen? Würde er ihm wenigstens »Masters of War« am Telefon vorsingen und dabei hervorheben *even Jesus would never forgive what you do?* Würde er ihn auf den Boden der Tatsache Vietnam zurückholen und ihm sagen don't *forget the dead you left / they'll always follow you!?* Denn weiß Gott, jedes Haar von damals *is numbered / like every grain of sand* und nichts davon ist vergessen. Allerdings — you don't count the dead/ with God on your side. Würde er wenigstens most mysteriously antworten, you can play with fire / but you get the bill? Was weiß ich? Ich möchte es aber wissen.

Bob spielt mit dem Feuer und rückt in die Nähe jener neuen Moralisten, die in den USA bereits dazu übergegangen sind, Bücher zu verbrennen. Er meine es nicht so, sagt er, er sagt es aber so, meine ich. »Man sollte sehr vorsichtig mit diesen Leuten sein«, sagt Bob. Man sollte sehr vorsichtig mit Leuten sein, die von *»socialism-hypnotism«* reden, und Zeilen loslassen wie *Karl Marx has got you by the throat,* sage ich.

Einer, der von sich kokett sagt, *I don't care about economy* sollte sich zurückhalten und nicht in Verkennung der imperialistischen Realität von *sheiks, deciding America's future* sprechen. Es ist auch nicht *foreign oil,* das um des Reimes willen *American soil* kontrolliert. Und nun noch *the revolution will provide no solution for trouble.*

Das wollen wir uns von Dylan nicht sagen lassen, weil wir die Ohren voll haben von dieser Sorte ordinärer Amis, die wie

Joan Baez durch Lateinamerika touren, den Pazifismus predigen, die Linke denunzieren (»ni izquerda, ni derecho, ni Bob Dylan / weder links noch rechts noch Bob Dylan«) und die Revolution verdammen, um sich dann zum grande finale der Tournee in Nicaragua von Ernesto Cardenal eingeführt auf einer Bühne Managuas feiern zu lassen. Obscenity — who really cares / propaganda — all is phony.

Dylan will weg von jener Folkloreseligkeit, die sich mit einem how many rumms must a rumms go rumms händeklatschend und füßestampfend bei Baez-Konzerten ausbreitet. Wer wollte das nicht verstehen? Denn: »Den Berühmten ist nicht wohl zumute. Sie machen sich zu Markenartikeln, sich selber fremd und unverständlich, als lebende Bilder ihrer selbst wie Tote«, schrieb einst ein bedeutender Dylanologe. Sein Fazit gilt Dylan und uns in unserer Beziehung zu ihm: »Die fast unlösbare Aufgabe besteht darin, weder von der Macht der anderen, noch von der eigenen Ohnmacht sich dumm machen zu lassen.«

Wir wünschen Bobby, daß er bald wieder etwas clara sieht.

Literatur Konkret 81

*Shot
of Love
1981*

Nur eine Frage der Zeit

Als politische Leitfigur ist Bob Dylan nie ganz koscher gewesen. »What's good is good / what's bad is bad«, in dieser Hinsicht blieb er immer ein Mängelwesen, nach (fast) allen Seiten offen, von (fast) allen Seiten angreifbar, bis er sich fundamental-religiös einbetonierte, und man seine Mauern nur noch mit seinen Widersprüchen besprühen konnte. »I'm liberal, but to a degree«, das scheint sein politisches Credo zu sein. Schon zum ersten *World War* hatte er nicht viel mehr zu sagen als »the reason for fighting I never did get«. Vom Zweiten Weltkrieg ist ihm nur in Erinnerung, *it came to an end.* Möge also niemand jetzt eine Erklärung erwarten, warum es zum Dritten kommt.

Dennoch: »*Infidels*«, Dylans neue Platte, ist offen und ausgesprochen politisch — darin vergleichbar mit »The Times They Are A-Changin'«, twenty years ago. Es ist die Offenheit des *vagabond,* der mit »I'm ready to go anywhere« ernst macht und dabei in seinen Sternstunden phantastische Weiten erreicht. Es ist auch das offene Geständnis an eine Frau, die er liebt: *I need you!* Und Bobs politisches Weltbild ist wieder ergreifend klar: *It's a shadowy world, skies are slippers grey.* So heißt es im »*Jokerman*«. Aber wer ist Jokerman? Ist es Mr. Tambourine Man, von dem man bis heute nicht weiß, wer er ist? Von dem wollte Bob nichts anderes, als daß er einen *song* für ihn singe, von diesem nun will er, daß er im Mondschein nach dem Gesang der Nachtigall tanze.

Viele Texte auf der neuen Platte sind schockierend gut; es begegnen uns alte und neue Dylan-Typen: *two men on the platform, fools and angels, false hearted judges,* sogar ein *blue eyed boy* und *Jackie P's mind.* Da ist *the strange woman, the woman of shame, a woman who looked like you,* aha, *a woman on my block — girls, girls, girls;* es wimmelt von *women.* Und allen voran jener Jokerman, dieser *man of the mountains,* dieser *dream twister,* ein biblischer Charakter, wie schließlich jeder von uns.

Bob hat, den Feuerbach hinunter, die Dialektik von Erde und Welt wiedergefunden, deren Synthese einmal der Mensch sein wird, wenn nichts dazwischenkommt. Die Grundstimmung vieler Lieder ist ernst und bitter. Vorkriegszeit. Zu lachen gibt's da nichts. Aus dem apokalyptischen Zwielicht von Dylans Endzeitbewußtsein schimmert die objektive Lage hervor. Dylans Zeitmaschine hat wieder zu ticken begonnen. Das will was heißen, daß sich die Zeiten inzwischen so oft geändert haben, daß viele nicht mehr wissen, wie spät es eigentlich ist.

Only a matter of time till night comes stepping in, sagt Jokerman Bob. Ja, leider. Dylan erkennt Schlagstöcke, Wasserwerfer, Tränengas, Schlösser und Riegel, Molotow Cocktails und »rocks« hinterm Vorhang. Er stellt politische Forderungen, die auch wir stellen: Weg mit den Minenfallen und Raketen! *No more booby traps and bombs.* Und vor allem anderen: *No more decadence and charm.*

This world is ruled by violence, und es sind die Millionäre, die mit ihren Trommelstöcken den Takt angeben. Einer wenigstens schaute ganz schön blöd aus der Wäsche, *when he played and we didn't dance.*

Es ist nicht einfach, ihm immer und überall hin zu folgen. »Neighborhood Bully« ist ein harter Brocken und ein heikles Stück. »Neighborhood Bully« ist der Kerl, der seine Nachbarn tyrannisiert. Er ist Jude. Er ist *der* Jude. *He got no place to escape, no place to run.* Er lebt, um zu überleben und wird dafür auch noch kritisiert und verdammt. *He's wandered the earth an exiled man.* Schließlich kehrt er nach Palästina zurück — ein Ort, der in Dylans Lied allerdings nicht auftaucht — und nimmt sich sein Land.

Doch *his enemies say he's on their land.* Welches Land aber meint Bob Dylan? Meint er Israel in den Grenzen seiner

Staatsgründung, meint er Westjordanland und die Grenzen der Okkupation? »*Neighborhood Bully*« ist mehr als *just one man.* Er ist auch das Volk Israels. Dieses Volk ist bedroht: *A license to kill him is given out to every maniac.* Also verteidigt er sich um jeden Preis und mit allen Mitteln, indem er angreift. *Then he destroyed a bomb factory/nobody was glad/the bombs were meant for him/he was supposed to feel bad.* »*Neighborhood Bully*«, der Bösewicht der Region, ist — so sieht es Dylan — ganz auf sich allein gestellt. Wirkliche Alliierte, denen er vertrauen könnte, hat er nicht. Und die Waffen, die man ihm liefert, sind untauglich. Zwar lehnt man ihm keine Bitte ab — damit sind wohl die Amis gemeint — aber niemand *sends flesh and blood to fight by his side.*

Dylan als Lobredner von Israels Expansionismus? In seiner Lagebeurteilung ist er sich mit Begin einig. Jehova sei Dank, heißt das noch lange nicht mit dem Volk Israels. So knapp und so kurz wurde wohl kaum zuvor die staatliche Existenz Israels aus zionistischer Sicht legitimiert. Ein Politsong von seltener Eindeutigkeit. Die haben sich Dylans Kritiker immer gewünscht. Hier ist sie. Sollen sie sehen, wie sie damit fertig werden.

Zweideutig dagegen das Lied »*Union Sundown*«. Sein Thema: Massenarbeitslosigkeit, Produktionsstättenverlagerungen und Billiglohnländer. Dylan, der noch in »Slow Train Coming« versicherte, »I don't care about economy«, beginnt sich für die Bewegungsgesetze des Kapitals zu interessieren.

Leider von der falschen, nämlich der Konsum- und nicht der Produktionsseite. Alles was er kaufe oder zu kaufen beabsichtige, werde überall sonst hergestellt, sei alles nur nicht *Made in the U.S.A.* Seine Taschenlampe komme aus Taiwan, das Tischtuch aus Malaysia, das Hemd von den Philippinen, und sein Chevrolet sei in Argentinien zusammengebaut worden. Wahrlich, *it's sundown on the union/And what's made in the U.S.A/Sure was a good idea* — bis die Gier dazwischenkam. Was war einmal eine gute Idee? *The union.* Die Union der Staaten von Nordamerika oder die *unions* – die Gewerkschaften? Oder beide?

Gut, er kritisiert das System, nennt es beim Namen: *You know capitalism is above the law.* Das kann man wohl sagen. »Was sich nicht verkaufen läßt, das zählt nichts.« Stimmt. (Karl Marx got you by the throat). *Democracy don't rule the world,* meint Bob, auch und überall gibt es genügend Menschen, die ihre Arbeitskraft für *thirty cents a day* verkaufen. Denn der Mensch tut, was er tun muß, wenn er einen hungrigen Mund zu stopfen hat.

Doch nun: Wer ist dafür verantwortlich? Warum ist das so? Was sind die Bewegungsgesetze? Dylans Antwort: *This world is ruled by violence.* Woher die Gewalt nun wiederum kommt, werden wir wohl erst im nächsten Grundkursus zur politischen Ökonomie erfahren.

In »*Sweatheart like You*« hat Bobby den Typ von *girl* am Wickel, dem er schon in »Like a Rolling Stone« die Leviten gelesen hat. Die Tochter aus gutem Hause, die sich unter die Leute mischt und von Bob gewarnt werden muß, weil man hinter ihrem Rücken tuschelt und zischt. *They smile to your face but behind your back they hiss.* Was, verdammt, *is a sweatheart like you doing in a dump like this?* Wieder eine dieser großen Dylanfragen wie »How does it feel?« oder »Where have you been?« Highway 84.

»*Man of Peace*«, eine Gitarrenorgie, offenbart Dylans neues radikales Glaubensbekenntnis. Er glaubt an nichts mehr; *absolutely nothing.* Daher: »*Infidels*«. Jeder ist jeder, und alles ist möglich, *you know, sometimes Satan comes as a man of peace. Look out your window, baby,* da draußen steht einer mit ausgestrecktem Arm. *Could be the Fuhrer, could be the local priest,* denn *sometimes Satan comes as a man of peace.* Ob Dylan Reagan meint, der als Friedensmacher daherkommt und dafür seinen Nobelpreis bekommen – nein *kriegen* wird, bleibt offen.

Belafonte jedenfalls nannte Haig, Weinberger und Reagan, der eine seiner Raketenwaffen »peacemaker« taufte, *devils.*

Deshalb: »Don't follow leaders« und *don't follow stars*, auch nicht dem Stern von Bethlehem, *the same one them three men followed from the east* – auch Jesus könnte Satan sein.

Weil der Mensch die Erde beherrscht, denkt er, er könne mit ihr machen, was er will, nicht der Satan, sondern er hat die »*Licence to Kill*«. Seine Unschuld hat der Mensch verloren, als er seinen Fuß auf den Mond setzte. Aber da gibt es eine Frau, gleich bei mir um die Ecke, sie sitzt einfach da, während die Nacht aufzieht: *She say who gonna take away his licence to kill?*

Mit seinem Zerstörungsdrang geht er zur Hölle. Er hat Angst und ist durcheinander. Man hat sein Hirn manipuliert, er opfert am Altar eines stockenden Wassers, und wenn er sein Spiegelbild sieht, ist er zufrieden. *All he believes are his eyes/ And his eyes, they just tell him lies.* Er ist unfähig zu irgendeiner Art von *fair play, he wants it all and he wants it his way.* Doch immer ist da eine Frau, *she say who gonna take away his licence to kill.* Es ist der Mann – *noisemaker, heartbreaker* – der mit einer *licence to kill* in der Tasche herumläuft. Es ist der Mann, den man einst verbogen und für das Leben zugerichtet hat, um ihn dann auf einen Weg zu schicken, wo er nur krank werden kann. Bis man ihn unter einem Sternenbanner begräbt und seinen Körper verkauft, wie man es auch mit Gebrauchtwagen tut. Es ist der weiße Mann, der Herrenmensch, von dem Dylan hier singt, der, welcher die Erde ausbeutet und keinen Stein unberührt lassen kann. Wann endlich wird diesem Mann die Lizenz entzogen? Fragt eine Frau, eine Schwarze, gleich hier bei mir um die Ecke. »*Licence to Kill*«, eines der schönsten zeitgenössischen »Friedenslieder«.

»*I and I*«, der Titel klingt nach einem Reggae-Thema, doch es geht nur um eine neue Variante von »It Ain't Me, Babe«. Persönlich sind alle Songs auf der Platte, dies ist der intimste. Es ist das Lied vom ewigen Scheitern. Bobby, »still fighting his twin, the enemy within«. Es ist lange her, da schlief eine Wahnsinnsfrau in meinem Bett, *look how sweet she sleeps, how free must be her dreams.* Doch das eine Ich sagte zum andern

Ich: Mann, niemand hat dich erkannt. Da beschließt Bobby, *I'll go out for a walk.* Und als es Mittag wird, da treibt er sich noch immer auf der Straße herum — in den dunkelsten Ecken. Und noch immer barfuß.

Er verlegt sich aufs Reden, obwohl er weiß, *I ain't too good in conversation, girl.* Vielleicht verstehst du nicht genau, was ich empfinde. Also warte eine Minute, bevor du abhaust, girl, eine Minute, bevor du durch die Tür gehst. Können wir nicht über alles reden. Vor allem: *»Don't Fall Apart on Me Tonight«.* Laß mich heute abend nicht allein, ich glaube nicht, daß ich damit fertig würde. *Come over here from over there, girl,* setz dich hin, du kannst meinen Stuhl haben. Mir ist klar, ich hätte besser was Nützliches gelernt. Vielleicht hätte ich Arzt werden sollen, dann hätte ich ein paar Leben retten können, anstatt alle Brücken, über die ich gegangen bin, hinter mir abzubrennen. *Yesterday is just a memory/Tomorrow is never what it's supposed to be. And I need you.* Es ist der Höhepunkt der Platte: ein Einsamer.

Alle Lieder sind mit der Sonnenbrille gesungen — und so sollten sie gehört werden. Dylan spielt Gitarre, Mundharmonika und Tasteninstrumente. Background-vocals: nobody außer Clydie King »Union Sundown«. Bobby wird angetrieben von einer Traumband: Robbie Shakespeare (bass). Sly Dunbar (drums/percussion), Mick Taylor (guitar) und Alan Clark (keyboards). Es ist Mark Knopflers Gitarre, die der Platte den unverwechselbaren Klang gibt.

Natürlich ist die Platte mal wieder ganz anders als all die anderen ganz anderen. Sie hat vieles von den vorausgegangenen: Die poetische Kraft und die Schattierungen von »Blonde on Blonde«, das Leiden und die Intimität von »Blood on the Tracks«, die Mystik von »Street Legal«. Von »Slow Train Coming« hat sie den hitparadierenden sound, von »Shot of Love« hat sie vor allem die Abwärtsbewegung, und von »Raved« hat sie, was auf »Saved« fehlte. Vor allem hat sie schon etwas von der nächsten und übernächsten.

Verstehen wird die Platte nur, wer nicht vergißt, daß Dylan

drüben bei den »so-called friends« lebt, daß er jedesmal, wenn er sich nach einem »cross-road-sign umdreht, mindestens tausend Meilen und einen Morgen von jeder menschlichen Zivilisation entfernt ist.

Konkret 4/84

Infidels
1983

Woodstock, Dylan und der Bieberer Berg

Wenn einer um ein Stück Ackerland einen Zaun zieht und an der Frontseite des dabei gewonnenen Gevierts eine Bühne aufschlägt, wenn er einen Toilettenwagen auffahren läßt und daneben eine Imbißstube in die Landschaft stellt, wenn er dazu drei bis vier Rockgruppen, die das Areal bis zur Polizeistunde beschallen, engagiert, und wenn das alles vor zahlendem Publikum bei strahlendem Himmel stattfindet, von keinem Zwischenfall getrübt, dann greifen die, deren Aufgabe es ist, über das Ereignis zu berichten, und sei es nur in den Spalten der Lokalpresse oder auf der Jugendfunkwelle einer Radiostation, gerne auf den »Mythos von Woodstock« zurück.

Der Name dieses kleinen Dorfes im Osten der USA, nahe New York City gelegen, steht für ein kulturelles Massenereignis, dessen Ausstrahlung noch heute so mächtig ist, daß viele davon reden, als seien sie selbst dabeigewesen – damals.

Ein Mythos, der sich, kaum hinterfragt, so lange halten kann, muß von besonderer Beschaffenheit sein.

Woodstock hatte im Ansatz bereits alle Probleme, die spätere Festivals dieser Größenordnung auch hatten; anders als viele von diesen, war Woodstock aber vor allem auch ein ökonomischer Erfolg. Alle Rechnungen sind aufgegangen. Die Neben- und Folgekosten an der Bild- und Tonverbreitung brachten dem Medienkonzern »Warner Brothers«, Inhaber dieser Rechte, viele Dollarmillionen ein, aber auch die Festivalveranstalter selbst holten mehr raus, als sie reingesteckt hatten.

Nicht alle, die sich im August 1969 über das Festivalgelände ergossen, hatten ein Ticket in der Tasche, doch Zehntausende hatten im Vorverkauf Eintrittskarten erworben, genug, um auch für den Veranstalter einen Gewinn abzuwerfen. Da aber alles in allem mehr Zuschauer das Festival zum Nulltarif als auf Scheckkarte erlebt hatten, war Woodstock fortan immer auch vom Hauch eines »free concert« umgeben. Dieses Image entsprach dem sowohl nach vorn gerichteten wie rückwärtsgewandten Wunschdenken der Jugendkultur jener Zeit. Es war Projektion auf die Utopie einer neuen Massenkultur wie Ausdruck einer Realitätsverleugnung, welche die Erkenntnis nicht zulassen will, daß alles – auch Woodstock – seinen Preis hat.

Der Mythos von Woodstock hat also eine ökonomische Seite, die begreiflich macht, warum alle Beteiligten so gerne auf ihn zurückgreifen. An ihm macht nicht nur die kollektive Erinnerung einer Generation ihr Lebensgefühl von damals fest, Woodstock war auch die Probe auf ein Veranstalterkalkül, das mit Woodstock für sich eine völlig neue Qualität von Massenveranstaltungen erschloß und damit die begrenzte Kapazität von Hallen und Stadien sprengte.

Die Multiplikation des Festivals mittels Bild- und Tonträger kann aber allein die Verbreitung des Woodstock-Mythos nicht erklären und schon gar nicht der Glaube an eine Art subkulturellen Lauffeuers, das die Geschichte dieses Festivals von Generation zu Generation weiterträgt. Woodstock war von Anfang an auch ein Medienereignis, was angesichts der Eigentumsverhältnisse, d. h. Verfügungsgewalt über diese Medien, nur heißen kann, daß sich die »Woodstock nation« mühelos in das herrschende politische und kulturelle System integrieren ließ.

Die Mühelosigkeit läßt sich wiederum nur verstehen, wenn man sie in den Kontext der militanten Protestbewegungen gegen den Vietnamkrieg stellt. Eine von den Medien aufgewühlte Öffentlichkeit setzte die Stärke, die Militanz und das Gewaltpotential dieser Protestbewegung in eine direkte Verbindung zur Phonstärke ihrer Musik, ein Zusammenhang, der nicht einfach nur konstruiert war, wenn man an die zerhackte, zersägte und zerstückelte Version der US-amerikanischen Nationalhymne denkt, mit der Jimi Hendrix das Festival abschloß. Doch geht es mir weniger darum, die musikgeschichtliche

Bedeutung von Woodstock 69 zu rekonstruieren, als verständlich zu machen, warum auch die Repräsentanten der herrschenden Großkultur das Festival in Einklang mit ihren Interessen zu bringen vermochten.

Eine derartige Zusammenballung eines als aggressiv und gewalttätig verschrienen Musikpublikums mußte Ängste in der Öffentlichkeit mobilisieren und folglich schnurstracks in eine Entlastungseuphorie münden, als nichts von dem, was man glaubte befürchten zu müssen, eintrat.

Zum Woodstock-Mythos gehört auch die Gewaltlosigkeit. Viele Nachfolge-Festivals waren von schweren Zwischenfällen mit teilweise tödlichem Ausgang überschattet, Zwischenfälle, die heute fast schon zum Umfeld großer Open-Air-Veranstaltungen gehören. Auch Bob Dylans 84er Tour endete in Slane Castle mit einem tödlichen Zwischenfall, dem eine Nacht alkoholisierter Randale vorausgegangen war. Achtzehn Menschen, drei Polizisten eingeschlossen, wurden verletzt, ein Junge ertrank am folgenden Tag unter, wie es heißt, nicht geklärten Umständen. Fünf Hundertschaften Polizei im Sondereinsatz, aus Dublin und Dundalk herbeigeschafft, sorgten schließlich für Ruhe und einen geordneten Ablauf des Konzerts.

Der überraschend gewaltlose Verlauf des Woodstock-Festivals mag Aggressionsforschern Rätsel aufgeben. Sie sollten bei ihren Lösungsversuchen nicht außer acht lassen, daß Woodstock vor dem Hintergrund einer militanten Massenbewegung mit einem klaren politischen Ziel stattfand, und gerade deswegen zu einem Fest militanter Gewaltlosigkeit werden konnte. Sie sollten auch Art und Qualität der konsumierten Drogen bei ihren Analysen berücksichtigen und dabei ein besonderes Augenmerk auf die Renaissance der Droge Alkohol innerhalb der Jugendkultur der beginnenden 70er Jahre richten. Wo Drogen zu Cocktails und Fangemeinden zu einem Publikum gemixt werden, kann eine explosive Mischung entstehen. In Woodstock muß die Mischung gestimmt haben, trotz aller öffentlichen Warnungen vor der Explosionsgefahr.

Diese Warnungen waren so ernst gemeint und wurden so ernst genommen, daß Woodstock schließlich gar nicht in Woodstock stattfinden konnte. Auch dieser Etikettenschwindel paßt zum Woodstock-Mythos, wie auch die Assoziation eines von der Gunst des Wettergottes gesegneten Festivals. In Wirklichkeit war Woodstock '69 ein Matsch- und Schlammfestival.

Den Namen lieh sich das Festival von seinen Vorgängern, relativ unbedeutenden Veranstaltungen, welche die kleine Gemeinde Woodstock im Widerstreit ihrer Gier nach Touristendollars und dem Bedürfnis nach Ruhe und Abgeschiedenheit gerade noch verkraften konnte. Das 69er Festival hatte jedoch bereits im Vorfeld so viele negative Schlagzeilen, daß die Bürgermeinung schließlich gegen die Neuauflage umschlug.

Auch Dylan, der damals mit Sarah und den Kindern in Woodstock lebte, soll von der Ablehnungsfront so beeindruckt und von der Angst, die Wut der Bürger könnte sich gegen ihn und seine Familie richten, so besessen gewesen sein, daß er seine Mitwirkung am Festival verweigerte. Er war auch nicht umzustimmen, als das Festival längst auf eine Wiese verlegt worden war — miles away from Woodstock. Das haben ihm viele Fans übelgenommen. Prompt tauchte eines der typischen über Dylan verbreiteten Gerüchte auf. Er habe einen Vertrag mit den Veranstaltern des Isle of Wight Festivals unterschrieben und die hätten ihm den Auftritt in Woodstock, es wäre der erste nach seinem Motorradunfall gewesen, untersagt.

Das Gerücht wiederum paßte gut zum Geist von Woodstock, der immer auch ein Geschäftsgeist gewesen ist, denn das ganze Woodstock ist ein Geschäft geworden. Wer sich heute unter nicht vergleichbaren historischen Bedingungen immer noch auf Woodstock bezieht, muß wohl vor allem diesen Aspekt vor Augen haben.

Woodstock ist für alle, die damals unmittelbar oder über den Umweg einer nachträglichen Identifikation teilgenommen haben, nicht wiederholbar. Der politisch-ästhetische Konsensus, der Woodstock die Aura der Einmaligkeit verlieh, ist längst zerbrochen. Dafür kann man die kids, die heute zu musikalischen Großveranstaltungen pilgern, nicht verantwortlich machen. The kids are alright. Das geht in Ordnung, halten wir es fest. Die Kids waren immer alright. Wir waren alright, sie sind alright, und die nächste Generation wird auch wieder alright sein. Selbstverständlich war auch das Publikum, das in Offenbach zum »Festival des Jahres« (Promotiontext) zusammenströmte, alright.

Als aber die Sonne langsam vom »Bieberer Berg« wich, als es feucht wurde von unten an, als auch die Notvorräte aufgebraucht waren und es keine Bierdosen mehr aufzureißen gab, als endlich Bob Dylan nach eines langen Tages Reise in den Sommerabend die Bühne betrat, verließen die kids zu Hunderten das Stadion: »Nicht wütend, nicht empört, sondern in ihrer Alltagshaltung — gelangweilt.« Der Chronist des »Darmstädter Tagblattes« klingt verbittert. Er ist traurig, weil er im abziehenden Teil des Publikums nur Ignoranten sehen kann, die »eines der schönsten Konzerte der letzten Jahre« versäumt hatten.

Doch wem steht ein solches Urteil schon zu? Um ermessen zu können, ob die Abgewanderten wirklich etwas versäumt haben, was sie selbst als Versäumnis eingestehen würden, müßte man etwas von deren Erwartungen wissen. Man kann einem Massenpublikum nicht einfach kollektive Erwartungen unterstellen, weil das gemeinsame Interessen voraussetzte. Früher, in Woodstock beispielsweise, war das Spektrum musikalischer Ausdrucksformen ungewöhnlich breit. Die Programmverantwortlichen konnten davon ausgehen, daß ihr Angebot auf Interesse stoßen würde und auch von denen akzeptiert werden würde, die ganz bestimmte Stars sehen oder ganz bestimmte Gruppen hören wollten.

Ein durch die politischen Ereignisse geschärftes Bewußtsein verhalf dem Publikum der 60er Jahre auch zu einem musikalisch-ästhetischen Geschichtsbewußtsein oder wenigstens doch zu der Ahnung, daß all das, was man auf der Bühne zu hören bekam, auf gemeinsame Wurzeln zurückgeht. Eben dieses Bewußtsein wurde dem Musikpublikum in den Woodstock folgenden Jahren ausgetrieben.

Heute sieht sich das Publikum eines Open-Air-Festivals, das, wie in Offenbach, die »Rodgau Monotons«, Joan Baez, Carlos Santana und Bob Dylan in einem Programm zusammenbringt, als Verein konkurrierender Konsumenten gegenüber. Man hat eine Entscheidung getroffen, zu der steht man. Man hat sich für diesen Sänger oder jene Gruppe entschieden und duldet nichts anderes neben ihnen. Zwar offeriert ihnen der Veranstalter, wie in München, Offenbach, Berlin oder Köln, ein ganzes Programmpaket, doch darauf sind viele überhaupt nicht scharf. Sie wollen ihre »Monotons« oder ihren Santana haben, und wenn sie sie gehabt haben, interessiert sie nicht für einen Takt, was sonst noch im Programm vorgesehen ist.

In Verona, wo ich in eine Clique von Santana Fans geraten war, wo mir die Fans von Pino Daniele schnatternd in den Ohren lagen oder in Offenbach, wo abziehende Monoton-Fans den ersten Teil von Dylans Auftritt in eine hektische Aufbruchszene verwandelten, wurde ich, und mit mir viele andere, um etwas gebracht.

Es gibt in der Tat eine Kommunikation zwischen Bühne und Publikum. Sie vollzieht sich als quasi physikalischer Vorgang. Ist's oben laut, wird's unten leise − und umgekehrt. Ein System kommunizierender Röhren. Heavymetal-Gruppen mit Dauerpower oder dem, was sie dafür halten, kann das egal sein, ein Sänger wie Dylan droht im Lärmpegel, der immer dann ansteigt, wenn er ohne Band auf der Bühne steht, unterzugehen. Dylan, die Gitarre und die Mundharmonika: das ist die Stunde der Nervkids, der Labertanten und Quasselstrippen, der Sabbler und Babbler, die nur auf die leisen Töne gewartet zu haben scheinen, um die eigene Stimme zu heben. Das war am unerträglichsten in Milano und in Offenbach während der ersten halben Stunde von Dylans set.

Sicherlich ist der Verlauf eines Konzerts durch die Zusammenstellung des Programms zu steuern. Basel war dafür ein positives Beispiel. Extrem ungünstig wirkt sich hingegen eine Programmgestaltung aus, die beispielsweise eine deutschsprachige Gruppe mit Heimvorteil wie die »Rodgau Monotons«, die ich im übrigen in einem Festzelt allemal lieber höre als eine oberbayerische Blasmusik, ins Vorprogramm nimmt, dem als top act ein englischsprachiger Auftritt folgt. Da kommt zu den Geschmacksunterschieden, die bereits ein Publikum spalten können, noch eine Sprachbarriere, die kaum (und wie mir scheint, immer weniger) zu überwinden ist. Auf die Weise kann man zwar Arenen füllen, der Prozeß eines zusammenschmelzenden Publikums wird so fast zwangsläufig unterbunden. Vielleicht wäre die Toleranz gegenüber den Mithörern mit anderem Geschmack und unterschiedlichen Interessen größer, würde nicht die Preisgestaltung die Konsumhaltung negativ beeinflussen. Für einen halben Hunderter, die Fahrtkosten nicht inbegriffen, darf man sich was leisten, kann man sich was rausnehmen. Man hat schließlich seine Konsumgewohnheiten.

Und so herrscht unter den Zuschauern nicht einmal Einigkeit über den äußeren Ablauf eines Konzertes. Der eine zieht es vor, ein Konzert durchzustehen, während es der andere abzusitzen gedenkt.

Wer sich seinen Platz irgendwo zwischen Bühnenrand und Mischpult sucht, gerät leicht in die Zange eines lästigen Stereoeffekts. Von vorn nimmt er auf, was von der Bühne kommt, von hinten sitzt ihm ein hysterischer Chor im Nacken, der gebieterisch fordert: Hinsetzen, hinsetzen, hinsetzen... In allen Sprachen Europas habe ich den Chor im Ohr.

Meist verschaffen sich die da hinten bei denen da vorn Respekt, indem sie ein ganzes Früchtesortiment und Picknickreste im Rücken der Vorderleute zerschellen lassen. Da sind dann auch mal harte Sachen dabei und Plastiktüten, in die von den Plastikplanen aufgelesener Plastikmüll gestopft wurde. In Milano entwickelte sich eine regelrechte Müllschlacht, immer auf der Grenze zwischen ausuferndem Spaß und verhaltener Aggressivität. Derartige Szenen passen zu den oft entwürdigenden Umständen solcher Konzerte, weil sie so gut zu einer als alternativ verstandenen Bedürfnislosigkeit passen, und weil das meist jugendliche Publikum nichts anderes kennt.

The festivals are over. Now is the time for your tears.

Konkret 5/85

Ein Mann unter Einfluß
Dylan Goes Modern

Hier wird keine Platte besprochen, hier wird ein Projekt vorgestellt. *»Empire Burlesque«*, der schwerste Brocken seit »Saved«. The contemporary Bob Dylan.

Es geht nicht um einen neuerlichen salto morale religioso, eine Abkehr von irgendwas oder eine Einkehr bei irgendwem, diesmal geht es um Dylans radikale Hinwendung zum musikalischen Zeitgeschmack. Dylan hat ein high tech Album produziert, dessen Arrangements und Sound-Ausstattung zwischen Mick Jaggers Soloalbum, Tina Turner und »Police« angesiedelt ist. »The most explosive album of his recent career«, schwärmt die Zeitschrift »Rolling Stone«, sichtlich beeindruckt vom Aufwand, der da betrieben wurde.

Fünf Studios hatte Dylan belegt und neunzehn Musiker eingespannt, darunter an den Gitarren Mick Taylor, Ron Wood und Al Kooper sowie Jim Keltner, Sly Dunbar und Robbie Shakespeare in der rhythmsection — alles Leute, mit denen Dylan schon vorher gearbeitet hatte. Mike Campbell, Benot Tench und Howie Epstein von Tom Pettys »Heartbreakers« sind dazugestoßen. Madelyn Quebec und Carol Dennis als Zweitstimmen waren bereits auf Dylans 81er Tour zu hören, wo sie damals, wie auch Clydie King, von der Kritik (auch von den Herren Günter A. und Uwe H.) in unverzeihlicher Ignoranz als Gospelmiezen abgetan wurden. Debra Byrd, Peggi Blu und Queen Esther Marrow füllten den back-up Chor auf.

Trotz der vielen Mitwirkenden und der verschiedenen Studios, in denen sie entstand, wirkt diese Platte musikalisch erstaunlich geschlossen. Das verdankt sie der Studioarbeit von Arthur Baker, der mit Richard Scher und Vince Melamed als Gehilfen an den Synthesizern das Album remixed hat.

Es folgt ein technischer Hinweis, der auf dem Cover fehlt: Baker hat das Album so bass- und drumlastig abgemischt, daß Dylans Stimme zu versumpfen droht, wenn man die Platte auf Zimmerlautstärke abspielt. Erst bei full power stimmt die Mischung. Aber das gehört zum Konzept und entspricht den zeitgenössischen Hörgewohnheiten.

Diese Platte bringt Dylans Musik dahin, wohin sie auch gehört. In die Diskotheken, Tanzpaläste und Musikboxen. Ist sie erst dort, dann hat das Projekt »Empire Burlesque« sein Ziel erreicht.

Und schon quillt Protest aus allen Ritzen billiger basements, exklusiver lofts und teurer apartments. Money, money, money hallt es von dort. Ein Bannstrahl kleinbürgerlicher Projektionen richtet sich auf Dylans neuestes Werk. Nun mal langsam. Das hatten wir doch schon. Auch ein genialer Künstler vermag nur für eine gewisse Zeit von der Substanz früher Glücks- und Leiderfahrungen zu leben. Dylans Vorrat an Erfahrungen war Mitte der 70er Jahre erschöpft. Ausgedehnte weltweite Tourneen kaschierten diesen Erschöpfungszustand nur mühsam, sie endeten alle in der Wiederholung des Immergleichen.

So war Dylans Weg nach innen vorgezeichnet, auch gesellschaftlich. Sein Abtauchen ins Christlich-Fundamentalistische, sein Ronald Reagan nachempfundener Ritt in die Apokalypse und die künstlerische Ausbeutung der neuen religiösen Empfindungen vermochten nur ein, wenn auch da noch hoch loderndes Strohfeuer zu entfachen. Es ist aber für einen Künstler, der einmal große Wirkung hatte, ein existenzielles Lebensbedürfnis, wirksam zu bleiben. Sind seine künstlerischen Mittel verbraucht, oder ist er ihrer auch nur überdrüssig geworden, dann macht er sich auf die Suche nach neuen Wirkungsmöglichkeiten. Nicht selten, und im Falle Dylans fast immer, wird dabei mutwillig zerstört, was sich als Erfolg gerade zu bestätigen schien.

Sie kennen das letzte Album von Bruce Springsteen? Nein! Macht nichts. Wenn Sie das vorletzte oder vorvorletzte ken-

nen, sind Sie auf dem laufenden: Kein Bruch, keine Über-
raschung, keine Provokation.

Menschen zu überraschen, das Publikum zu erschrecken
und zu schockieren ist aber ein legitimes künstlerisches Motiv.
Die dabei eingesetzten Mittel können von Effekthascherei bis
zur aggressiven Destruktivität gegenüber dem eigenen Werk
reichen. Große Künstler gehen immer bis zum Äußersten.
Und entsetzt schreit das Publikum auf, wenn Picasso plötzlich
Damen der Gesellschaft zu porträtieren beginnt oder Vasen
und Teller bemalt. (Das Entsetzen steigert sich zur Empörung,
wenn sich das Publikum nicht nur um die Gewöhnung an
einen Stil, sondern auch noch um Investitionen in diesen be-
trogen fühlt.)

Nach der Trennung von Sarah drang nur noch wenig über
Dylans sogenanntes Privatleben nach draußen. Was man mit-
bekommt: Dylan hängt rum in Clubs und Diskotheken. Er
läßt sich sehen in Studios und hinter Bühnen. Er spricht über
die Arbeit von anderen, nennt Namen von Gruppen und Sän-
gern, räsoniert über Stile und Richtungen, reflektiert über
Video und Playback, dabei ständig in Widersprüche ver-
wickelt. Ein Künstler auf der Suche nach neuen Ausdrucksformen.

Wo Künstler miteinander reden, da genügt es schon, wenn
sie ihre Arbeiten gegenseitig zur Kenntnis nehmen, kann so
etwas wie ein künstlerisches Leben entstehen, das große Werke
möglich macht. Ob dieses Leben lebt, ob die US-amerikanischen Kollegen, auf die Dylan sich vorwiegend bezieht, eine
Antwort finden auf den Exitus, den ihre Regierung politisch
vorbereitet oder ob sie einmal mehr mit Hollywood und Las
Vegas antworten werden, steht in den stars und stripes. Dylan
jedenfalls sucht den Kontakt zu Kollegen und die Zusammenarbeit mit ihnen. Er sucht aber auch den Kontakt zum Publikum und nach neuen Erfahrungen mit diesem. Das war bereits
während der 84er Tournee zu spüren und zu besichtigen, als
er bei »Blowing in the Wind« den Chor der Mitsinger heraus-
forderte. Ich bleibe dabei. Das sollte er lassen. Dennoch, dieser

Stilbruch, der erstmals einen Hauch von Peinlichkeit in Dylans Bühnenauftritte brachte, lag, von heute aus gesehen, auf der Linie der neuen Entwicklung.

Auch Dylans Bereitschaft, im Chor der Kollegen mitzusingen, die sich als Band für Afrika formiert haben, ist Zeichen der Neuorientierung. Zwar war er zuvor bereits bei Solidaritätskonzerten für Chile, Bangladesh und die Freeze-Bewegung dabei, doch nie zuvor war bei einer derartigen Solidaritätsaktion das Spektrum der beteiligten Künstler und der Sparten, die sie vertreten bzw. des Publikums, das sie erreichen, so breit wie im Falle von »USArtists for Africa«.

Vor diesem Hintergrund ist »*Empire Burlesque*« entstanden. Die Platte hat es in sich, sie wirkt, wie so viele vor ihr, erst mit Zeitverzögerung. Mancher, der beim ersten Hören verstört die Ohren verschloß, beginnt mürrisch einzuräumen, daß es da einige Songs gäbe... wenn nur das Diskogerassel nicht wäre.

Insgesamt ist die Trefferquote bei dieser Platte niedriger als bei Dylans frühen Alben, die aber, das sollte man nicht vergessen, immer auch die eine oder andere Niete enthielten. Diesmal liegt sie bei fifty-fifty und ist damit höher als zur Zeit von Dylans religiösem Nullwachstum. Wer noch immer nach verbliebenen Spuren von Dylans fundamentalo-trip sucht, wird sich an »*Tight Connection to My Heart*« klammern, der Single-Auskopplung auf dem unaufhaltsamen Weg in die Charts. Dylan vollzieht da eine surrealistische Umkehrung der Wandlung beim christlichen Abendmahl: *Never could drink that blood und call it wine*. Darin eine tiefere religiöse Bedeutung zu sehen, bleibt jedem überlassen.

Bereits seit einiger Zeit ist »*Clean-Cut Kid*« als »Infidels«-outtake im Umlauf, eine Geschichte, die auf John Lennons Mörder paßt. Dylans Neueinspielung fällt hinter die Erstfassung zurück. Der Einsatz der Frauenstimmen ist hier einfach geschmacklos.

Richtig los geht die Platte erst auf der zweiten Seite. Was für ein Song: »*When the Night Comes Falling from the Sky*«. Technisch ein bißchen overdone, too much of everything, was ein Studio hergibt. Doch davon abgesehen, was für ein Lied.

Die meisten Songs bewegen sich zwischen you and I and I and you, Herz und Schmerz, Liebe und Leid: *find me — remind me; show me — know me, rock me — lock me; teach me — reach me; shake me — take me; hold me — help me.* I'm a poet, hope you know it, please don't blow it. Musikalisch ist »*Emotionally Yours*« aus einer Kreuzung von »Lenny Bruce« und »Love in Vain« hervorgegangen. Eine Schnulze. Ich mag sie.

Gleich zwei Synthesizer kommen bei »*Something's Burning Baby*« zum Einsatz, ohne das Lied zerstören zu können. Ein Mann auf dem Mexico-City-Blues, der erkennen muß, daß er in den Plänen und Träumen der Geliebten nicht mehr vorkommt. *Something's burning, baby,* ist Dir das klar? Es gibt keine Sicherheit, kein emotion-ally yours. Bewegung ist das Prinzip der Materie-Veränderung, the code of the road. Aber: *I believe in the impossible, you know that I do.* Herzzerreißend.

Von den zwei oder drei »accustic things«, die Dylan noch während der letzten Tour für das nächste Album versprach, ist einer geblieben. »*Dark Eyes*« muß in Irland entstanden sein. Ein Europa-inspiriertes Mitbringsel. Dylan schlägt die Gitarre an wie eine Laute, er spielt die Mundharmonika wie seinerzeit im »Gaslight«. Ein akustisches Kontrastprogramm von intensiver Zartheit. So, als wolle er den vorangegangenen Technosound vergessen machen. Side B. Last song. You know what I mean.

Im übrigen sind viele Texte undicht an gleich mehreren Stellen. Dylan braucht einen ganzen Song, wo er früher eine Strophe benötigte, er braucht eine Strophe, wo früher eine Zeile reichte. Das wird in »*Trust Yourself*« deutlich. Dieser Song enthält eine message mit Aufforderungscharakter im Stile von: May you stay forever young. Doch hier ist die message zweideutig. Jeder darf sich angesprochen fühlen, der in Reagans verwahrlostem Amiland »on his own way« ist. Der Killer auf dem Weg zur Lynchjustiz, der Bürgerrechtskämpfer auf dem

Weg in den Knast. Radikale künstlerische Eindeutigkeit wäre verlangt, um nicht mitgerissen zu werden vom idiot wind, den Reagan und seine Klasse entfacht haben.

Was da gebrochen gemeint ist, wie etwa Bruce Springsteens »Born in the U.S.A.«, fügt sich bruchlos zu einer Rockversion von »America The Beautiful«. Unter dem Einfluß einer allgegenwärtigen Verblödungspropaganda nennt »Dire Straits« das jüngste Album »Brother in Arms«. Nein, versichert Mark Knopfler, es gehe nicht um seine Brüder, die er in den Armen hält, gemeint seien Brüder in Waffen. Er wolle mit diesem Titel auf die komplizierten emotionalen Beziehungen einer Band anspielen, die im Streß von Tourneen und Studio-Sessions entweder aufgerieben werde oder sich zu einer Art Waffenbrüderschaft zusammenfinde. Das nenne ich Militarisierung des Bewußtseins. Nie und nimmer darf man vergessen, in welchem Land Dylan lebt, unter welchen Einflüssen er steht. Dylan, ein Meister der Ambivalenz, wankt und schwankt wie die meisten seiner Kollegen im mächtigen Sog des politischen mainstream. May they have a strong foundation when the winds of changes shift.

Für Dylan aber gäbe es einen Ausweg. Bobby raus aus USA. Warum nicht nach Lateinamerika? Oder Afrika? Oder wenigstens doch nach Europa. Come on over, baby, just for a while.

Konkret 8/85

Empire
Burlesque
1985

Gültig oder endgültig?

Gewagt, wirklich sehr gewagt. Oder würden Sie dem Platten-multi, der Sie – einmal angenommen – als Produktberater beschäftigt, eine Bob Dylan Werk-Ausgabe andrehen? Ich meine: hier und jetzt mitten im Synthesizer Getöse und ohne besonderen Anlaß. Kein Todesfall, keine Jubiläumsfeier. Dylans »Firma« hat es riskiert und auf fünf Platten dreiund-fünfzig Songs pressen lassen, die das Werk des ersten *»punk folksingers«* von 1961 bis 1981 dokumentieren – *twenty years of recording.*

Unter dem Titel »*Biograph*« läßt CBS »dem großen amerika-nischen Popstar zu Lebzeiten schon eine Ehrung (widerfah-ren), wie sie sonst nur Klassikern zukommt.« Das macht Ein-druck auf den »Spiegel«, der die »sorgfältig edierte Kassette« wie eine neue Marke im Dylan-Buch-der-Rekorde registriert. Tatsächlich ist die Geschichte von Dylans Veröffentlichungen rekordträchtig. Er war der erste, der mit einer Siebenminuten-fassung von »Like a Rolling Stone« die damals übliche Jukebox-Länge von (höchstens) vier Minuten überbot, er war der erste in der Geschichte des Rock'n'Roll, der mit »Blond on Blond« ein Doppelalbum herausbrachte, er hat mit »Renaldo and Clara« den längsten, vierstündigen Videoclip aller Zeiten produziert, er war aber auch das erste Opfer von Tonpiraten, denn noch bevor die »Basement Tapes« in den Regalen des Plattenhandels landeten, hatten sie ihren Triumphzug durch die Bootleg-Szene schon hinter sich.

Nun eine Werk-Auswahl als Klassiker-Edition verpackt: *The Ultimate Bob Dylan Box-Set.* Dazu: *A 36 Page Full Color Booklet (Including: An Exclusive Interview).* Dazu: *Rare Photos.* Dazu und obendrauf: *Notes on His Legendary Songs by Bob Dylan.*

Es lohnte sich schon, den Motiven nachzuspüren, die nicht

nur »die Firma«, sondern Dylan selbst bewogen haben, eine so aufwendige Werkausgabe zu starten. Hat es mit dem Revival der 60er Jahre Musik in den USA zu tun? Das würde den Zeitpunkt der Veröffentlichung erklären und verständlich machen, warum sich damit »die Firma« so viel Zeit gelassen hat. Denn von Dylans Fünfplattenbox war schon seit gut drei Jahren die Rede, und Bootleg-Auskoppelungen der *»rare and unreleased recordings«* waren schon lange vor der Firmenpressung unterwegs. »Biograph« wurde Ende 1985 in den USA herausgebracht nach einem Konzept, das bereits 1982 festgelegt worden war und dann beibehalten wurde. Deshalb bricht der musikalisch-biographische Bogen 1981 so unvermittelt ab.

Dylan hat jedoch danach mit »Infidels« und »Empire Burlesque« eine neue Schaffensperiode eingeleitet und nichts läßt darauf schließen, daß deren künstlerischer Zenit schon überschritten wäre. Vonwegen: der *endgültige* Bob Dylan. Wer aber hat die Lieder ausgewählt, wer hat sie nach welchen Kriterien zur Sammlung arrangiert? Dylan selbst fällt aus. Er hat sich an der Song-Auswahl nicht beteiligt. Es war auch nicht seine Idee, die Platte herauszubringen: *»I didn't really take a hand in this«*.

Schade, denn eine Auswahl von Meisterhand, egal wie sie schließlich ausgefallen wäre, hätte auf Dylans Verhältnis zum eigenen Werk schließen lassen und dem Hörer eine Chance gegeben, seine eigenen Vorlieben mit denen Dylans zu vergleichen und auf Übereinstimmungen oder Abweichungen zu prüfen. Doch Dylan hat sich rausgehalten. Sagt er. Heißt es.

Wenn aber ein Anonymus die Auswahl besorgt hat, dann fragt sich jeder, der sich mit Dylans Werk beschäftigt, welche Auswahl er selbst an dessen Stelle getroffen hätte. Fehlt was?

Jedem fällt was ein und jeder hätte wohl auch einen Vorschlag, welchen Song man im Austausch herausnehmen könnte. Dabei handelt es sich jedoch mehr um Würztips beim Abschmecken als um ernsthafte Reklamationen, denn die Werk-Auswahl ist gelungen, und die Vorgabe — von jeder Plattenveröffentlichung höchstens zwei Lieder — hat sich als sinnvoll erwiesen. Dieses Konzept läßt sich nicht von hinten aufrollen, weil dann die Kontraste verschwimmen würden, die der Arrangeur durch Verzicht auf eine chronologische Abfolge erreicht hat. Alles fügt sich zu einem Werk, nichts fällt ab oder heraus, auch nicht die Lieder aus Dylans fundamentalistisch religiöser Schaffensperiode.

»Biograph« kostet im Laden um die achtzig Mark, ein saftiger Preis, der die Frage erzwingt, für wen das Album eigentlich gedacht ist. Kaum für ein neues jugendliches Publikum, wie man spontan vermutet. Dagegen spricht nicht nur der Ladenpreis sondern auch die Verkaufsstrategie der europäischen CBS-Ableger. Dylans »Firma« tut nichts für das Produkt. Anzeigen werden nicht »geschaltet«, Rezensenten nicht »bemustert«. Man verläßt sich auf Flüsterpropaganda und die Kaufbereitschaft hartnäckiger Dylan-Fans.

Aber Bob Dylans Werk aus 29 Plattenveröffentlichungen extrahiert, wenn auch »digitally remastert« – das kann nicht alles sein, denn ein Griff in die Plattenkiste und jeder könnte sich *seine* Werk-Auswahl selbst zusammenstellen.

»Biograph« vermittelt eine Hörerfahrung, der sich auch die nicht entziehen können, die auf technische Finessen nicht versessen sind. Man hat Dylan immer wieder vorgeworfen, seine Platteneinspielungen seien im Schnellverfahren produziert. Was stimmt und ihn deshalb kalt läßt, auch wenn er eingesteht, daß er mit den Tücken der Studiotechnik oft zu kämpfen hat: »Vor Jahren konnte ich ins Studio gehen, *do it,* und es wurde aufs Band übersetzt. Heute wird alles so gesäubert, daß etwas Falsches nicht mehr aufs Band kommt. *And my stuff is based on wrong things«.* Die digitale Bearbeitung der *master-tapes* von »Biograph« hat nicht geglättet und *the wrong things* nicht übertüncht. Aber auch das wäre noch kein Grund, die teure Fünfplattensammlung dem privaten Dylan-Archiv einzuverleiben, wäre sie nicht zugleich eine Fundgrube seltener oder gar unveröffentlichter Aufnahmen.

»*I'll Keep It with Mine*« und »*Percy's Song*«, ich nenne zwei von einundzwanzig dieser »rare and unreleased recordings« und auch die nur, weil jeder, dessen Qualitätsmaßstäbe nicht unter dem Müll begraben wurden, den die Plattenindustrie täglich ausschüttet, sich verwundert fragen wird, warum Dylan diese Lieder, als sie ihm kamen, nicht gleich veröffentlichte: »Wenn ich die Zeit hätte, könnte ich einen Zehn-Platten-Set unveröffentlichter Songs zusammenstellen«, sagt Dylan dazu. Auf das, was er zurückhält, würden andere eine Songwriter-Karriere begründen.

Apropos »sorgfältig edierte Kassette«: Während Dylans Anmerkungen zu seinen Liedern in der US-amerikanischen Ausgabe auf der jeweiligen Plattenhülle stehen, wo sie hingehören, hat man sie in der europäischen Ausgabe zu einer Kommentarsammlung geheftet. Bei der Gelegenheit hätte man wenigstens die *lyrics* seiner unveröffentlichten Songs hinzufügen sollen. Ein Manko, das in den USA ausgeglichen wird durch die zeitgleich mit »*Biograph*« bei Alfred A. Knopf veröffentlichten »Lyrics 1961−1985«. Sie sind Ende 1986 als erweiterte Ausgabe von »Writings and Drawings« bei 2001 herausgekommen.

Dylan weiß um seine Bedeutung im US-amerikanischen Showbusiness. Nicht umsonst hatten ihm seine Kollegen beim »Live-Aid-Concert« in Philadelphia den Epilog zugeschanzt. Für diesen eigenwilligen Abtritt, an dem sich das angeknallte »Rolling-Stones«-Duo Keith Richards und Ron Wood beteiligte, erntete Dylan jedoch herbe Kritik, weil viele nicht begriffen und nie begreifen werden, daß *minimal art* die einzig angemessene Antwort auf dieses aalglatt abgewickelte Marketing-Unternehmen war.

Auch seine eher beiläufigen Anmerkungen zur Lage der Landwirtschaft in den USA und dem Überlebenskampf der kleinen, von den Agromultis abgewürgten Farmer, forderte viele Kritiker heraus. Dem Anlaß nicht angemessen, politisch falsch, wichtigtuerisch, lauteten die Kommentare, wie übrigens auch zu dem von Udo Lindenberg verlesenen Statement der bundesdeutschen »Live-Aid-Band«. Dylans Antwort − Wochen später − der Auftritt beim »Farm-Aid-Concert«, gemeinsam mit Neil Young, Joni Mitchell und »Tom Petty and The Heartbreakers«, mit denen er seit dem 5. Februar den fünften Kontinent bereist.

Besänftigend auf Kritiker, denen Dylans soziales Engagement zunehmend Bauchgrimmen verursacht, dürfte auch sein Auftritt in Moskau nicht gerade gewirkt haben. Dylan nahm auf Einladung von Jewgeni Jewtuschenko an einem Poetentreffen im Vorfeld der »Weltjugendfestspiele« teil und trug dort drei »Gedichte« zur Gitarre vor. Nach Moskau zu gehen, das will was heißen in den rambofizierten Vereinigten Staaten von Nordamerika.

Grell ausgeleuchtet wurde das politische Umfeld, in dem Dylan agiert, während des PEN-Kongresses in New York City. Wie tief das Gift des Reaganismus in den Hirnen sitzt von Schriftstellern und Intellektuellen, die einmal eine spezifisch amerikanische Form bürgerlicher Liberalität verkörperten und in der Rolle von »liberals« unser Amerikabild durchaus positiv beeinflußten, wurde da deutlich.

Reagan darf auftrumpfen. »Die alten Tabus und der Aberglaube des Liberalismus sind zusammengebrochen und praktisch weggefegt und durch einen robusten und aufgeklärten Konservatismus ersetzt worden«, brüstet er sich vor Neokonservativen. Das heißt: sie haben die Fronten gewechselt, sie sind Rechte geworden, einige sogar Rechtsextremisten, so rechts jedenfalls, daß bundesdeutsche Literatur-Repräsentanten wie Günter Grass als Linke erscheinen mußten. Und auch das ist bezeichnend: Es war nicht einer der US-Großschriftsteller, sondern Allen Ginsberg, der eine Resolution zustandebrachte, die sich mit dem Kampf des nicaraguensischen Volkes gegen Contras und CIA solidarisierte.

Widerspruch gegen Reagans Politik der physischen, psychischen und ästhetischen Brutalisierung des US-amerikanischen Alltagslebens kommt nicht von den Schriftstellern, den Schauspielern, den Theater- und Filmleuten, wenn er überhaupt kommt. Es sind die poets, songwriters, egal wie man sie nennen will, die ihre *lyrics* mit den Rhythmen der Populärmusik — rock'n'roll, folk und rap, reggae and blues — verbinden. Und treibend in diesem Prozeß der Rückbesinnung auf soziales und politisches Engagement sind, wenn ich mich nicht täusche, vor allem jene Künstler, deren Biographie und künstlerische Wurzeln in die Populärkultur der 60er Jahre zurückreichen. Sie haben allen Grund, sich zu wehren, denn es ist vor allem diese Populärkultur, die von der triumphalistischen Dummheit des Neokonservatismus am meisten bedroht ist.

Und so ist es nur selbstverständlich, daß sich Dylan auch an der Boykottbewegung gegen den südafrikanischen Vergnügungspark »Sun City« beteiligt. Eine neue Protestkoalition, die auch innenpolitisch einzugreifen beginnt, scheint sich um die Südafrika-Frage zu sammeln, und es ist mehr als nur von symbolischer Bedeutung, wenn anläßlich des erstmals als Nationalfeiertag begangenen Martin Luther King Gedenktages Stevie Wonder und Bob Dylan in einer TV-Show der New Yorker »Radio City Music Hall« auftreten: der Alte mit dem Jungen, der Schwarze mit dem Weißen.

Dylans Öffnung, absehbar seit »Empire Burlesque«, hat auch seine Haltung gegenüber der Medienöffentlichkeit beeinflußt. Innerhalb kürzester Zeit hat er mehr von seiner Arbeit und über seine Motive gesprochen als in all den Jahren zuvor. »Spin« veröffentlichte ein »Not Like a Rolling Stone Interview«, »Rolling Stone« bringt ein »Rolling Stone Interview«, und »Biograph« enthält ein Interview des »Rolling Stone«-Mitarbeiters Cameron Crow. Und jedesmal gelingt es Dylan, viel zu sagen, ohne geschwätzig zu sein, Motive offenzulegen, ohne sich psychisch zu entleeren, immer in der nötigen Distanz zum Publikum bzw. dem Interviewer, der das Publikum vertritt.

Aber Dylan muß sich vorsehen, denn die Medienhaie schnappen blitzschnell zu, sie werden sich mit Werkstattgesprächen nicht lange zufrieden geben. Dylans veränderte Attitude gegenüber Medienvertretern ist verständlich, wenn man akzeptiert, daß er damit eine neue Publikumsgeneration erreichen will. Die kritisch-distanzierte Haltung mancher Akteure der 60er Jahre gegenüber den Massenmedien, die sie zugleich, ob sie wollten oder nicht, auch bedienten, wirkt auf die Mehrheit der Jugend heute antiquiert, sie kommt nicht an, sie wird kaum verstanden und eher als Verweigerung gegenüber dem Publikum selbst interpretiert. In den Interviews zum Jahreswechsel entwickelt Dylan eine faszinierende Sprechprosa in ständig wechselndem Rhythmus. Man glaubt, ihn sprechen zu hören, und man hört die literarischen Vorbilder der *beat-generation* heraus und die musikalischen Vorbilder des *talking-blues* und des *rap*.

Dylan steigt weit zurück in die 60er Jahre, ohne sich im Nostalgischen zu verlieren. Er spricht von seiner Kindheit und Jugend, ohne gleich das ganze Familienalbum aufzublättern. Seine moralische Integrität als Künstler, seine scharfe Wahrnehmung der gesellschaftlichen Wirklichkeit, sein Wissen um Herrschaft und Unterdrückung und seine Bereitschaft, sich in den Texten seiner Lieder auf die Seite der *poor emigrants*, der *outlaws*, der *freaks* und *rebels* zu schlagen, wurde geprägt von der Umwelt seiner Jugend: »Das war nicht eine reiche oder eine arme Kleinstadt«, sagt er über Hibbing, Minnesota, »jeder hatte so ziemlich das gleiche und die wirklich Reichen lebten da nicht, das waren die, denen die Minen gehörten, and they lived thousands of miles away«.

Von denen, die heute als Charts-Renner und Hitparaden-Stürmer das Musikgeschehen bestimmen, ist selten eine Reflexion über die Quellen, aus denen sie alle schöpfen, zu hören. Dylan dagegen nennt sie alle — die Namen, die ihm Vorbild waren. Mit »*Baby Let Me Follow You down*« wurde ein Lied in Dylans »*Biograph*« aufgenommen, das Eric von Schmidt zugeschrieben wird. Eine kleine Verbeugung, ein Stück Wiedergutmachung gegenüber den Mitbewerbern, die sich im New York der frühen 60er Jahre nicht nur um das Erbe von Woody Guthrie stritten, sondern sich auch um das im *blues und folk* angelegte musikalische Volksvermögen rauften. Und Dylan war ein Raufbold damals.

The sixties: Erst seitdem es sie gab, sprechen wir von den *seventies* und den *eighties*, immer auf der Lauer, das an ihnen Typische nicht zu verpassen. Der Witz dabei: Als die 60er Jahre »*the sixties*« waren, wußte niemand — ob Künstler oder politischer Aktivist – daß dies die Jahre sind, die man einmal »die 60er Jahre« nennen würde. Und wer heute am häufigsten davon spricht, hatte damals am wenigsten damit zu tun. »Es war wie die Landung einer ›fliegenden Untertasse‹ …that's what the sixties were like. Everybody heard about it but only a few really saw it.« Und so ist es auch mit dem Rock'n'Roll. *Rock* »with capital R«, sage ihm nichts, sagt Bob Dylan. »Now it's just rock… no roll, the roll's gone«, sagt Dylan und da hat er recht. Aber »die Zeiten ändern sich noch immer, jeden Tag. I'm trying to slow down every day, because the times may be a-changing, but they are going by awfully fast.« Und damit begibt sich Dylan zurück in die *eighties,* die es nicht gäbe, wären da nicht die *sixties* gewesen. Wie gesagt. Siehe oben.

Oben, das ist der Ort, an dem Dylan sich noch immer aufhält.

Konkret 3/86

Bob Dylan
Songtexte 1962–1985
Zweitausendeins

Biograph
1985

Appetithappen

Mahlzeit, haben Sie Lust auf 'nen kleinen Happen? Was soll's, Lust oder keine, es wird besprochen, was über den Ladentisch auf den Plattenteller kommt, auch wenn Bob Dylan mit seinem in fünf Studioküchen zusammengestellten Album *»Knocked Out Loaded«* nur einige Appetizer serviert.

Eine kalte Platte, von einer Ausnahme abgesehen, klang- und belanglos. Nur der Elfminutensong *»Brownsville Girl«* hinterläßt einige Geschmackserinnerungen. Ein road-movie-song von der Art: we drove that car as far as we could. Sam Shepard, mit Dylan seit »Renaldo und Clara« durch ein Mißverständnis verbunden, ist der Co-Autor. Damals, während der »Rolling Thunder Review«, war Shepard als Drehbuchautor verpflichtet worden, doch hatten sich die Dinge bei den Dreharbeiten irgendwie verselbständigt. Von Shepards Ideen blieb nicht viel übrig. Diesmal hat die Zusammenarbeit besser geklappt, so gut, daß Mikal Gilmore in seiner »Rolling Stone«-Titelgeschichte der »special summer double issue« Schwierigkeiten hat herauszufinden, wo Dylans Dichtung endet und die von Shepard beginnt: »Aber es ist ganz leicht herauszuhören, wem der Song wirklich gehört.« Tatsächlich, fährt Gilmore fort, kenne er keinen, der diese Traumgeschichte von erfüllter und versagter Liebe, von verblassenden Helden und verlorenen Idealen, von Hoffnung und Tod so heiter rüberbringe wie eben dieser Sänger und Songschreiber. »Dabei sitzt er direkt vor einem, voll konzentriert auf die Geschichte, so als höre er sie in ihren erstaunlichen Verwicklungen selbst zum ersten Mal. Wenn das die Art ist, wie Dylan als songwriter alt wird, dann beschließe ich«, immer noch Gilmore, »glücklich darüber zu sein, mit ihm alt zu werden.«

Auch Robert Shelton macht sich in seiner Dylan-Biographie

»No Direction Home«, die noch in diesem Jahr bei Hodder und Stoughton erscheinen wird, Gedanken über Dylans Alterswerk. Dylan hatte ihm »in a summing-up mood« ein Stichwort geliefert, als er sich fragte, was sein werde, »when I'm not around to sing anymore.« Er hoffe, daß einer kommen werde und an dem anknüpfe, was er tut. Und einen Schritt weiter geht. Dylan: »Ich bin so weit gegangen wie ich konnte. Niemand, den ich gesehen habe, ist auch nur einen Schritt weiter gegangen.« Das ist die Wahrheit und nichts als dieselbe.

Altersreflexionen eines Künstlers sind nie verfrüht und gerade dann besonders produktiv, wenn im Werk selbst vom Altern nichts zu spüren ist. Dylan mag so weit gegangen sein wie kein anderer, noch sind Ankunftszeit und Fahrziel in keinem Kursbuch vermerkt, noch ist jedes Konzert der Zeitpunkt und jede Bühne der Ort, wo alles passiert — und was passiert, ist mehr denn je Rock und Roll, pulsierend und kraftvoll ohne jemals heavy zu werden. The rolling isn't gone. Man sollte sich wohl abgewöhnen, die oft zufälligen Plattenveröffentlichungen in einem Atemzug zu nennen mit dem, was Dylan auf der Bühne tut, denn eigentlich sind alle Dylanplatten nur Rohfassungen seiner Lieder, so sorgfältig sie studiotechnisch arrangiert und bearbeitet sein mögen. Es sind veröffentlichte Songideen, die sich erst auf der Bühne voll entfalten. Oder auch nicht.

Das musikalische Sommerereignis war denn auch nicht die Platte, die hier zum Anlaß genommen wird, auf Dylan zurückzukommen, sondern die »*True Confessions Tour*« mit Tom Petty und The Heartbreakers. Auf dieser Tour haben von den neueren Liedern »*I Remember You*« und »*When the Night Comes Falling from the Sky*« ihre öffentliche Bewährungsprobe bestanden. Dylans Gesangs- und Interpretationskunst ist auf einer nie zuvor erreichten Höhe, es scheint fast, als habe er erst jetzt die Bedeutung seiner jugendlichen Geniestreiche wirklich erfaßt, als sei er erst jetzt »reif«, sie emotional auszuloten und künstlerisch zu gestalten. Es geht nicht ums Altern sondern ums Erwachsenwerden.

Mit »Tom Petty and The Heartbreakers« hat Dylan eine Band, wenn auch nur vorübergehend, die man getrost mit »The Band« vergleichen darf, ohne die Unterschiede zu verwischen. Die Intensität des Zusammenspiels erlaubt den Vergleich, sie wird auf dem im »Sydney Entertainment Center« aufgenommenen Einstundenfilm »Bob Dylan in Concert« auch sichtbar. Dylan über Petty and The Heartbreakers: »They're quick and they know the fundamental music.«

Petty über Dylan: »He pushes us, we're gonna push back.« Nichts von dem, was sich von Neuseeland über Australien nach Japan in die USA abgespielt und entwickelt hat, ist auf der Platte zu hören. Die Zusammenarbeit verendet vielmehr in einer sterilen Studioeinspielung von »*Got My Mind Made Up*«, einem Gemeinschaftswerk von Petty und Dylan ohne push und ohne push back. Ähnlich glatt bzw. von Studioatmosphäre und Studiotechnik geglättet, sind auch die restlichen Nummern. Nur zwei Lieder hat Dylan alleine geschrieben, eines hat er arrangiert und drei in Co-Produktion verfaßt. Zwei Lieder stammen aus der Werkstatt von Kollegen und davon ist nur der Kris Kristofferson-Song erwähnenswert, nicht seiner lyrischen oder musikalischen Qualitäten wegen, auch nicht wegen interpretatorischer Besonderheiten. »*They Killed Him*« fällt seiner Helden wegen auf: Mahatma Ghandi, Martin Luther King und Jesus Christus. Der nun wieder. Bereits in Australien hatte Dylan sein Publikum mit der provozierenden Frage angemacht, wen man denn hier als *heroe* verehre. Perhaps Mel Gibson? Or Michael Jackson? Or Bruce Springsteen? Anyway, er wolle jetzt von *seinem* Helden singen. Sagt es und fällt »*In the Garden*« ein. Die Szene setzte er an den Anfang des HBO Videofilms. Ein mutiger Sprung und ein starkes opening, auch wenn dieses Lied, in dem es um den Verrat an Jesus und den Zerfall seiner Clique geht, nicht zu den *musts* in Dylans Repertoire gehört. Doch Dylans born-again Periode ist endgültig vorüber, sie ist nur noch, wie er Shelton gesteht, »part of my experience«.

Man muß den Jesus, von dem Dylan jetzt (wieder) spricht,

in der Nachbarschaft von Ghandi und King sehen. Da macht er sich gut. Einfach als Typ. Ein kluger, etwas ausgefreakter jüdischer Bengel mit einer phantastischen Story und einer akzeptablen message. A heroe. Helden sind ein Dylan-Thema. Schon immer gewesen. Doch kämpfen seine Helden auf Schlachtfeldern »where every victory hurts.«

Konkret 10/86

Knocked Out
Loaded
1986

Oh, Merci, Bob Dylan

Zwei Bob Dylan Alben habe ich unkommentiert verrauschen lassen. *Not so good, not so bad,* solala — viel mehr läßt sich über *»Down in the Groove«* und *»Dylan and The Dead« nicht sagen.* Nur wenige Kritiker haben die beiden Alben überhaupt zur Kenntnis genommen. *»Dylan and The Dead«,* das Anfang 1989 erschienene Live-Album, wurde wenigstens registriert und — wie man in Österreich sagt — kontroversiell diskutiert. Aber handelt es sich bei diesem von Jerry Garcia im Grateful Dead Studio produzierten Album überhaupt um eine »Bob-Dylan-Platte«? Da bereits beginnt es mit dem Kontroversiellen:

Nicht nur die lieblose Zusammenstellung, auch die gedankenlose Auswahl der Songs überrascht, und Dylans Valiumsedierte Stimme ist nur schwer zu ertragen. Beim Abmischen, davon gehe ich aus, war Dylan sonstwo, nur nicht im Studio. Und Jerry Garcia hätte, bevor er sich ans Abmischen machte, seinen Analytiker konsultieren sollen. Jetzt sind seine ungeklärten Ego-Probleme auf Vinyl gepreßt. Das Ergebnis dieser unklaren Produktionsverhältnisse ist ein Bastard: weder Grateful Dead noch Bob Dylan.

Neu ist der Ärger über Dylans Laxheit nicht. Ihn scheinen von der »Firma« produzierte und herausgegebene Live-Mitschnitte nicht zu interessieren. Schon der unter dem Titel »Real Live« von CBS veröffentlichte Mitschnitt der 84er Tournee versammelte alles mögliche, nur nicht die Höhepunkte dieser Tour.

Dylan ist seit Anfang Februar 1986 fast ohne Unterbrechung auf Achse; erst mit »Tom Petty and the Heartbreakers«, dann, seit Juni 1988, mit einer neuen Band ohne Starbesetzung. Die sechs Tage im Juli 1987, die Dylan mit Jerry Garcia und »The

Grateful Dead« auf der Bühne verbrachte, waren mehr ein Zwischenspiel und ein eher unbedeutender Ausschnitt dieser hektischen und anstrengenden Serie von Live-Auftritten. Dylans »Firma« ist es einmal mehr nicht gelungen, diese Schaffensphase auf Tonträger zu bannen. Das ist ärgerlich, denn dem Publikum wird so Dylans Entwicklung zum grandiosen Bühnenartisten (master of stage) vorenthalten.

Als Dylan im Frühsommer 1978 unter großem Mediengetöse zurück nach Europa kam, stellte er eine durchgestylte Show mit Las Vegas-Touch auf die Bühne. (Nur in Nürnberg auf dem Reichsparteitagsgelände verzichtete er demonstrativ auf allen Showglamour.) Bereits die 81er Gospeltour fiel, was die Optik betrifft, wesentlich bescheidener aus. Von Mal zu Mal wurde die Bühnenausstattung ärmlicher und der Beleuchtungsaufwand geringer. Und jedesmal mehr empfand ich diese Reizminderung als Bereicherung. Alles konzentrierte sich auf den Sänger, die Songs und die Band. Auch in Barcelona, Mailand und Rom, wo ich Dylan im Sommer dieses Jahres zuletzt sah und hörte, hielt er diese Reduktion konsequent durch.

Wenn sich nun bei Dylans neuestem Studioalbum »Oh Mercy« die Kritik vor Begeisterung fast überschlägt, so hat das auch mit einem strukturellen Problem der Rockmusikkritik zu tun. Die Kritiker sind nicht nur begeistert, die meisten sind auch überrascht, weil sie Dylans Entwicklung nur jeweils von Platte zu Platte verfolgen. Doch »Oh Mercy« kam nicht aus dem Nichts. Dylan hatte sich auf der Bühne eingespielt und freigesungen. Und er hat schließlich gefunden, wonach er seit der Trennung von Robbie Robertson und »The Band« suchte: einen Gitarristen, der nichts anderes im Sinn zu haben scheint, als Gitarrist der Bob Dylan Band zu sein. Zwischen G. E. Smith (früher »Hall and Oats« und in den USA kein Unbekannter, wenn auch kein Superstar) und Bob Dylan entwickelte sich ein ungemein intensives Zusammenspiel. Dylan vertraut Smith, er behandelt ihn wie den für die musikalische Leitung Zuständigen, ohne jedoch seinen Anspruch als Bandleader an Smith abzutreten. Gemeinsam mit Smith, Kenny

Aaronson, Baß, und Christopher Parker, dem Schwächsten im Bunde, am Schlagzeug, hat Dylan im Sommer 1988 in Jones Beach zwei seiner besten Konzerte in diesem Jahrzehnt gespielt. Zum Abschluß der Tour in der »Radio City Music Hall« von New York gelang Dylan und seiner Band eine Steigerung. This is the singer. Where are the songs?

Dylan hat nach »Infidels« (1983) den einen oder anderen neuen Song geschrieben, die meisten übrigens, jedenfalls von den veröffentlichten, gemeinsam mit anderen Autoren. Viel scheint er von diesen Liedern nicht zu halten. Darauf läßt die Songliste der beiden letzten Tourneen schließen. »*Drifting Too Far from Shore*« war einige Male zu hören, aber nur »*Silvio*« ist so etwas wie ein Repertoire-Stück geworden.

Was Dylan ansonsten auf Tour an »neuen« Songs brachte, war uralt: »*Trail of the Buffalo*«, »*Eileen Aroon*« oder »*Give My Love to Rose*« sind Ausgrabungen eines Musikers, der weiterhin und unermüdlich die Traditionen seines Genres in alle musikalischen Richtungen durchforscht. Seine Fundstücke gehören zu den Höhepunkten des akustischen Teils der Konzerte. Dylans Erfolge als Live-Entertainer, die begeisterten Konzertkritiken in der US-amerikanischen Musikpresse und in europäischen Feuilletons vermochten jedoch Dylans Krise als Autor nicht mehr zu verbergen. Diagnose: Chronische Schreibsperre im textlichen wie im musikalischen Bereich.

Nun aber, *oh merci*, hat er seinen »writer's block« überwunden und zehn funkelnagelneue Songs vorgelegt. Die Kritik überbietet sich in der Anwendung von Superlativen. Unter *masterpiece* ist da nichts zu machen.

Mir geht das zu schnell. Noch haben Dylans neue Lieder ihre Bühnenprobe nicht bestanden. Pflicht und Kür, Studio und Bühne, so lautet das volle Programm. Trotzdem: Was Dylan mit Hilfe von Daniel Lanois in einem Studio von New Orleans ausgearbeitet und auf Platte gebracht hat, ist außergewöhnlich. Seit »Blood on the Tracks« gab es nichts Vergleichbares. Die Platte enthält nicht eine einzige Nullnummer. Das unterscheidet sie von »Infidels« und allem, was Dylan zwischen »Blood on the Tracks« und »*Oh Mercy*« veröffentlicht hat. Zehn Songs, und nicht einer, der das Konzept sprengen würde, kein Ausfall, kein Ausrutscher, keine Peinlichkeit, nichts dergleichen.

Natürlich sind nicht alle Songs gleich gut. Hört man sich um, so muß man mit Erstaunen feststellen, wie weit die Präferenzen des Publikums streuen. Fast jeder Song wurde mir irgendwann von irgendwem als »Lieblingssong« angepriesen. Einigkeit besteht dagegen in einem Punkt: der Plattentitel führt nicht nur in die Irre, er dürfte sich auch als Verkaufshemmnis erweisen. Große Teile von Dylans Publikum, seine »so-called friends«, reagieren auf religiöse Anspielungen noch immer gnadenlos. Unterschätzt Dylan, wie sehr der Schock über seine religiösen Eskapaden noch immer nachbebt? Vielleicht. Vielleicht auch nicht.

Dylans »Firma« jedenfalls wollte »*Everything Is Broken*« zum Plattentitel machen. Don't ask me, why. Ein Song, der einen Einfall zu Tode reitet, so geschwätzig wie Marktweiber oder LKW-Fahrer, die sich am Tresen über den Zustand der Welt austauschen: »Ach wissen Sie, alles ist kaputt. Kaputte Tassen, kaputte Socken, kaputte Typen, kaputte Telefone... alles ist kaputt.« Dylan treibt dieses Spiel mit *everything is broken: Broken lines, broken strings, broken beds, broken bones, broken heads, broken stones... everything is broken.*

Der Mann im langen schwarzen Mantel (»*The Man in the Long Black Coat*«) würde zweifellos beim Wettbewerb um den besten Song die meisten Nennungen erhalten. *People don't live or die/ people just float.* Ein schönes Lied mit lange nachwirkenden Zeilen, aber irgendwie überproduziert, zu viel Western-Atmo, eher Filmmusik als Song. Das ist eines von den Liedern, die sich auf der Bühne erst noch zu bewähren haben.

Dylan und sein Produzent haben sich auch dem Publikumswunsch nach einer Schnulze, die die Grenze zum Kitsch markiert, ohne sie zu überschreiten, nicht verschlossen: *Far away where the soft winds blow/ far away from it all/ there is a place you go/ where teardrops fall.* Ein fettes, sattes Saxophon und eine bis zum Hawaiigeschluchze hochgezogene Gitarre unterstreichen die Sehnsucht des Sängers nach *a new place to start*.

Nur wer Dylan auf der Bühne erlebt hat, weiß von der einzigartigen Wandlungsfähigkeit seiner Stimme. Ich kann mich an keine *Platte* erinnern, die den Facettenreichtum dieser Stimme besser zum Klingen gebracht hätte als die von Daniel Lanois produzierte. Um diese Behauptung zu überprüfen, müßte man wohl bis in die 60er Jahre zurückgehen. Wer will das schon?

Lanois hat sich zu *dem* Produzenten der späten 80er Jahre entwickelt, sich ihm anzuvertrauen bedeutete für Dylan kein Risiko. Peter Gabriel, U2, Robbie Robertson und die Neville Brothers stehen auf Lanois' Referenzliste. (»Yellow Moon« von den Neville Brothers und »*Oh Mercy*« müssen in einem Atemzug entstanden sein.)

Daniel Lanois, ein Kanadier, bevorzugt die Stille. Er arbeitet nach einem, wie der Zürcher Kritiker Jean-Martin Büttner schrieb, »Anti-Lärm-Konzept« und nach der Maxime: der Künstler und ich.

Da unterscheidet er sich von Phil Spector, jenem ebenso legendären wie egomanen Produzenten, der auch mit Dylan und Lennon gearbeitet und nach der Maxime »Ich und der Künstler« in den 70er Jahren manch vielversprechendes Plattenkonzept kaputt produziert hat, *Broken concepts, broken singers, broken songs*.

Der Zustand der Welt ist zum Erbarmen. Oh Mercy. Dylans Weltsicht ist düster: *We live in a political world/where life is a mess/and death is a business*. Dylan war nie der Sänger eines historischen Optimismus; auch nicht der Sänger einer geschichtspessimistischen Hoffnungslosigkeit. Die Zeiten ändern sich und mit ihnen die Bedeutungsinhalte ihrer Lieder. Und so bleibt – bis zum nächstenmal – von der Aufbruchshoffnung einer rebellischen Generation die richtige wie banale Feststellung: »The Times They Are A-Changin'«. Auffallend viele Kritiker sehen in »*Oh Mercy*« Dylans Alterswerk. Tatsächlich könnte der Wandel von Dylans Zeitempfinden radikaler kaum sein. Time passes slowly up here in the mountains — pledging my time — time is an ocean, but it ends at the shore — time is a jetplane, it moves too fast — no time to think. Zeit ist begrenzt, Zeit ist knapp, Zeit ist Geld. Und nun ist es an der Zeit, die Sturmglocken zu läuten, denn der Hirte ist eingeschlafen, *the mountains are filled with lost sheeps* und *time is running backwards. Ring them bells.* Solches Zeitempfinden ist an Alter nicht gebunden. »*Oh Mercy*« ist nicht Dylans Alterswerk. Aber ein Werk seines Alters. Des Zeitalters.

Konkret 12/89

Oh Mercy
1989

Dylan und die Frauen
Ein Kongreßbericht
von William Zanzinger Jr., Ph. D.

Bereits zum vierten Male trafen sich die Mitglieder der »Société Anonyme Dylanologique« (SAD) Ende September vergangenen Jahres im norditalienischen Villadeati zu einem ordentlichen Symposium.

JUST LIKE A WOMAN. – Gastgeber Carlo F. wies in seiner Begrüßungsansprache darauf hin, wie emotional aufgeladen das Tagungsthema »Dylan und die Frauen« sei. Zwar habe man beim ersten SAD Symposium »Bob Dylan und seine Zeit« einige interessante Aspekte zu Dylans Zeitbegriff erörtern können, doch schon das Thema des zweiten Treffens »Dylan und Drogen« sei von vielen Teilnehmern als zu unwissenschaftlich zurückgewiesen worden. Das dritte Symposium »Dylan als Droge« mußte gar mangels Beteiligung abgesagt werden.

Es sei unbestreitbar, erklärte Carlo F., daß man mit der Wahl des diesjährigen Themas die zentrale Frage der Dylanforschung angeschnitten habe. Zu seinem Bedauern mußte der Mailänder Verleger und lombardische Dylanspezialist dann aber bekanntgeben, daß die Referentin des Eröffnungsvortrages kurzfristig abgesagt habe, nachdem sie die Teilnehmerliste, die sie als einzige Frau auswies, zur Kenntnis genommen hatte. Ihr schriftlich eingereichter Beitrag »Just Like a Woman. Dylans Frauenbild zwischen Kinderblick und Machoperspektive. Eine Dylan-Kritik aus feministischer Sicht« wurde von einem Teilnehmer verlesen.

Niemand widersprach in der anschließenden Diskussion der feministischen Interpretation von »*Just Like a Woman*«, und viele Diskussionsredner wollten auch die dem Song innewohnende Gefahr der Klischeebildung nicht ausschließen, andererseits wurde aber die feministische Auseinandersetzung mit »*Just Like a Woman*« selbst als typisches Beispiel feministischer Klischeebildung kritisiert. Es sei auffallend, daß der bemerkenswerten Analyse eines frühen Dylan-Songs keine weitere Auseinandersetzung mit Dylans Werk folge. Analysiert, abgestempelt und eingetütet, dabei, so wurde argumentiert, habe es die feministische Kritik belassen.

»Völlig unbefriedigend und ziemlich dürftig« nannte der Basler Dylanforscher Martin S. diesen textlastigen Ansatz. Dylans Frauen- aber auch Dylans Männerbild sei geprägt von der krassen und starren Geschlechterrollenfixierung des schwarzen *blues*. Wer zum *blues* nichts zu sagen habe, solle über Dylan schweigen, forderte der Referent.

FAREWELL ANGELINA. – Grob vereinfacht, ergänzte der Frankfurter Dylanexperte Ralf O., agierten Dylans Helden nach einem immer wiederkehrenden Grundmuster. Dylans männliche Helden verlassen das Schlachtfeld der Liebe meist als Verlierer. Nur ein hochentwickelter Fluchtinstinkt bewahrt sie vor der totalen Vernichtung. Dylans Frauen dagegen sind stark, mächtig und oft verschlingend. *I gave her my heart, but she wanted my soul.* Das sei eine Schlüsselszene. Durch Dylans umfangreiches Werk geistern viele namenlose *girls* und *ladies, babes* und *babies, sisters* und *queens, angels* und *sweethearts.* Doch was Dylan als Dichter und Dramatiker, der er zweifellos auch ist, so bedeutend macht, sind die von ihm geschaffenen Frauengestalten.

In workshops am Songbeispiel befaßten sich die Teilnehmer des vierten ordentlichen Symposiums der SAD mit *Isis* und *Hazel, Angelina* und *Corina, Sara* und *Johanna, Rita Mae* und *Joan Baez, Mrs. Henry* und *Gypsy Lou.* Auch das tragische Schicksal der *Hattie Carroll* und die Zustände auf *Maggies* Farm wurden erörtert. Ob *Queen Jane* als Männer- oder als Frauengestalt zu sehen ist, war eine heiß umstrittene Frage. Sie blieb ungeklärt.

TOUGH MAMA. – Der Verzicht auf eine psychoanalytische Deutung der Mama-Metapher in Dylans Liedern wurde von vielen Teilnehmern als Manko der Veranstaltung empfunden. Es könne, Bluestradition hin Bluestradition her, nicht unanalysiert und nicht unkommentiert bleiben, wenn ein in der Tradition der weißen jüdischen Mittelschicht erzogener Mann sich völlig ungebrochen der Bildsprache des schwarzen *blues* bediene. Angeregt durch diesen Einwand des Zürcher Dylanologen Louis F. wies der aus Hamburg-Winterlude angereiste Alt-Dylanologe Uwe H. auf einen auch religions-soziologisch interessanten Aspekt hin. Liege nicht gerade im Mutterbild der jüdischen wie der afro-amerikanischen Tradition der Schlüssel zum Verständnis des Bob Dylan Blues? Auch diese Frage blieb unbeantwortet.

I BELIEVE IN YOU. – Einiges Aufsehen erregte der Vortrag des Hamburger Sexualwissenschaftlers und Dylanforschers Günter A., der in seiner etwas saloppen Eingangsbemerkung Dylan als »Weltmeister der Ambivalenz« bezeichnete. Am Beispiel von Dylans Geschlechterrollenverständnis versuchte A. diese Ambivalenz deutlich zu machen. Einerseits, führte Günter A. unter Bezug auf Martin S. aus, bewege sich Dylans Denken und Empfinden ganz im Rahmen jener stereotypen Geschlechterrollen der Bluestradition, andererseits versuche Dylan jedoch ständig, diese Klischees zu zerstören: *it is not he or she or them or it, that you belong to.*

Während nach Auffassung des nicht unumstrittenen Hamburger Dylanforschers die Zeile »*the waitress he was handsome*« mehr als Humorbeispiel der frühen Sechziger zu verstehen sei, treibe Dylan mit seinem 1979 veröffentlichten Lied »I Believe in You« die Geschlechterrollenkonfusion auf eine einsame Spitze. Das Lied sei ein Glaubensbekenntnis, doch es klinge wie eine Liebeserklärung. Egal, was immer sie über dich oder über mich oder über unsere Liebe sagen werden, *I believe in you.* Wir hören die Stimme eines verwundeten, eines von einer verbotenen Liebe stigmatisierten Mannes, der unerschütterlich »even on the morning after« (!) an seiner Liebe festhält.

Nur wer die Entstehungsgeschichte, nur wer den religiösen

Kontext dieses Liedes kennt, wird den hier vollzogenen Geschlechterrollenwechsel nachempfinden können. Erstmals in einem von Dylans Liebesliedern ist das lyrische Objekt der Begierde ein Mann. Der Mann heißt Jesus. Doch Gott, das ließ Dylan uns schon in den early sixties wissen, der Gott der Juden wie der dreieinige Gott der Christen — Vater, Sohn und Heiliger Geist — *god is a woman.*

TALKING VILLADEATI BLUES. — »Provokant aber plausibel« nannte ein italienischer Teilnehmer A.'s Ausführungen, die in der These gipfelten, Dylan als Sänger und Poet sei transsexuell, jenseits von gut und böse, jenseits von Mann und Frau.

Bemerkenswert war der disziplinierte Ablauf des dreitätigen Symposiums auf Schloß Villadeati. Alle Referenten aber auch alle Diskussionsredner hielten sich an die selbstgesetzte Vorgabe, das Privatleben des am 24. Mai 1941 in Duluth, Minnesota geborenen Robert Allen Zimmerman nicht auszuleuchten. Informell und außerhalb des offiziellen Tagungsgeschehens war man sich jedoch darin einig, daß Zimmermans Beziehung zu Frauen eher konventionell und seine Vorstellung über die der Frau zugedachte Rolle eher traditionell zu bezeichnen wäre. Damit dürfte sich Dylans »Lebensstil« nur geringfügig von dem seiner hartnäckigsten Fans unterscheiden.

Im Mai dieses Jahres werden sich die Mitglieder der SAD aus Anlaß von Dylans fünfzigstem Geburtstag zu einem außerordentlichen Symposium erneut treffen. Thema dann: »Who are you and who was Baby Blue?«

Das Magazin 4/91

Diskographie

1962 Bob Dylan
1963 The Freewheelin' Bob Dylan
1964 The Times They Are A-Changin'
1964 Another Side of Bob Dylan
1965 Bringing It All Back Home
1965 Highway 61 Revisited
1966 Blonde on Blonde
1967 John Wesley Harding
1969 Nashville Skyline
1970 Selfportrait
1970 New Morning
1973 Pat Garrett & Billy The Kid
1974 Planet Waves
1975 Blood on the Tracks
1976 Desire
1978 Street Legal
1979 Slow Train Coming
1980 Saved
1981 Shot of Love
1983 Infidels
1985 Empire Burlesque
1986 Knocked Out Loaded
1988 Down in the Groove
1989 Oh Mercy
1990 Under the Red Sky

Kompilationen
1967 Bob Dylan Greatest Hits Vol. I
1971 Bob Dylan Greatest Hits Vol. II
1973 Dylan

1975 The Basement Tapes
1978 Masterpieces
1985 Biograph
1991 The Bootleg Series, Vol. 1–3 (rare and unreleased)
       1961–1991

Konzertaufnahmen
1974 Before the Flood
1976 Hard Rain
1979 Dylan at Budokan
1984 Real Live
1989 Dylan and The Dead

Bob Dylan
11. 5. oder 24. 5. 1941
in Duluth, Minnesota

Veröffentlichungen
Auszug

Sexfront, 1971
Sexbuch, 1978
Sucht Profit Sucht, 1984
Reunion Sundown, 1985
Der große weiße Bluff, 1987

Günter Amendt
8.6.1939
in Frankfurt, Hessen